만화로 배우는
영어구동사

만화로 배우는
영어구동사

후루룩외국어 x 시대에듀

 **머리말**

구동사 그냥 암기하지 마세요.

만화로 즐겁게 이해하시면 됩니다.

안녕하세요, 잉튠TV 김도균입니다. 이 책을 펼쳐주신 여러분께 진심으로 감사드립니다. 평소 잉튠TV를 통해 많은 분들과 소통하면서 공통적으로 받았던 질문이 있습니다.

영어를 더 자연스럽게, 더 원어민처럼 말하려면 어떻게 해야 할까요?

이 질문에 대한 저의 답은 항상 같습니다. "구동사를 배워보세요."

구동사(phrasal verb)는 동사와 전치사 또는 부사가 만나 만들어지는 표현으로, 원어민들이 일상에서 매우 자주 사용하는 영어 표현 방식입니다. 하지만 많은 분들이 구동사를 배우는 것을 어렵고 부담스럽게 느끼시곤 합니다. 그래서 저는 여러분들이 더 쉽고, 더 즐겁게 구동사를 배울 수 있도록 이 책을 준비하게 되었습니다.

『만화로 배우는 영어 구동사 레벨업』은 기존 도서 『만화로 배우는 영어 구동사』의 다음 스텝을 생각한 도서로, 원어민들이 일상생활에서 정말 자주 사용하는 구동사 100개를 추가로 엄선하여 일상 속 다양한 상황별로 묶었습니다. 각 챕터는 다음과 같이 구성되어 있습니다.

 **잉튠TV** 놀러 가기!

먼저, 각 구동사의 의미와 쓰임을 직관적으로 보여주는 만화를 통해 상황 속에서 구동사가 어떻게 사용되는지 쉽게 파악할 수 있도록 했습니다. 이어서, 실제로 자주 쓰이는 원어민들의 실생활 예문을 소개하여 구동사가 실제 대화나 글에서 어떻게 등장하는지 구체적으로 보여줍니다.

뿐만 아니라, 각 구동사가 어떤 원리를 가지고 만들어졌는지 알기 쉽게 설명하는 코너를 마련하여, 그 표현의 본질을 이해하고 더 쉽게 기억할 수 있도록 돕고자 했습니다. 마지막으로, 여러분이 직접 예문을 말하고 필사할 수 있는 공간을 제공해, 눈과 입 그리고 손으로 함께 기억하며 표현을 완벽하게 자기 것으로 만들 수 있도록 했습니다.

하루에 한 장씩 천천히 책을 넘기다 보면, 어느새 영어가 훨씬 편해지고 표현력이 크게 향상된 자신을 발견하게 될 것입니다.

45만 명의 영어 학습을 책임지고 있는 잉툰TV는 영어를 향한 여러분의 여정을 응원하고 있습니다. 영어가 더 이상 어렵고 부담스러운 존재가 아니라, 여러분의 일상을 더 풍성하고 재미있게 만들어주는 도구가 되기를 진심으로 바랍니다.

이 책이 여러분의 영어 학습 여정에 작지만 소중한 친구가 되어드릴 수 있다면 더없이 기쁘겠습니다. 책을 읽으시면서 떠오르는 질문이나 생각이 있으시다면 언제든지 잉툰TV를 통해 편하게 소통해 주세요.

여러분의 성장을 늘 응원합니다.

잉툰TV 김도균 드림

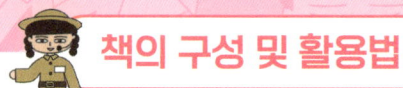

책의 구성 및 활용법

워밍업

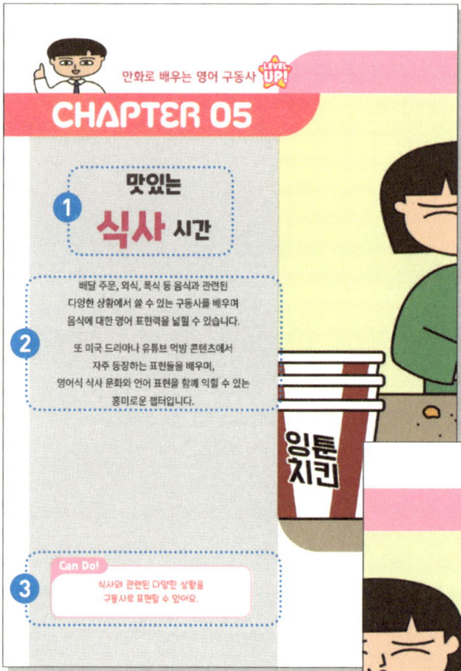

❶ 테마 체크
이번 챕터에서는 어떤 상황별 구동사를 다루게 되는지 미리 확인해 봅니다.

❷ 구동사 준비운동
본격적인 학습에 앞서 이번 챕터에서 다루는 구동사의 특징을 간단하게 미리 살펴봅니다.

❸ Can Do!
이번 챕터를 모두 마치고 나면 무엇을 달성할 수 있는지 미리 체크해 봅니다.

❹ 원어민 음성 QR
이번 챕터에서 다루는 모든 구동사 표현을 원어민의 리얼한 발음으로 들어볼 수 있도록 MP3 파일을 QR로 제공합니다. MP3 파일은 시대에듀 홈페이지도 다운로드 가능합니다.

MP3 다운로드 방법
- www.sdedu.co.kr로 접속
- 홈페이지 상단 〈학습자료실〉에서 'MP3' 항목 클릭
- 검색창에 '만화로 배우는 영어 구동사 레벨업' 검색하여 MP3 다운로드

구동사 학습 & 액티비티

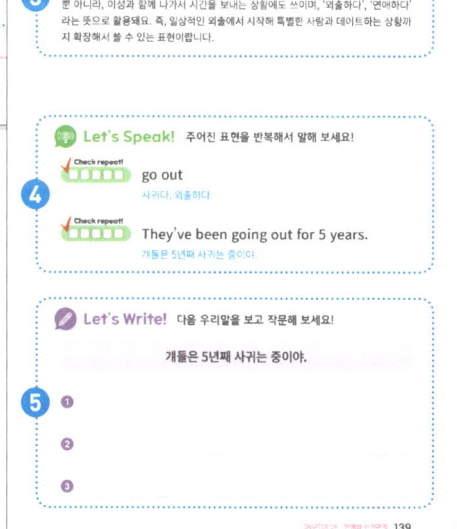

❶ 구동사 표현 확인
페이지 가장 상단에서 구동사 표현을 우리말 뜻과 함께 확인합니다.

❷ 만화 & 문장 확인
구동사 표현의 뉘앙스와 쓰임을 자연스럽게 그려볼 수 있도록 문장을 만화와 함께 실었습니다. 만화 속 상황을 보며 이미지 트레이닝을 즐겨 보세요.

❸ Let's Read!
구동사 표현의 원리와 이미지, 꿀팁 등을 읽어 보세요.

❹ Let's Speak!
구동사 표현과 예문을 가지고 5번씩 말하는 연습을 해 보세요.

❺ Let's Write!
우리말 의미를 보고 구동사 문장을 3번 작문해 보세요.

책의 구성 및 활용법

부록

❶ 구동사 총정리

본문에서 학습한 구동사 표현 100개를 색인 형태로 모두 모아 놓았습니다. 복습에 활용해 보세요.

❷ 리마인드 체크

구동사를 다시 한번 살펴보면서 기억나는 것은 박스에 표시하고, 기억나지 않는 것들은 해당 페이지에 돌아가서 복습해 보세요.

'구동사'는 무엇일까?

구동사란?

구동사는(phrasal verb)는 우리가 흔히 알고 있는 전치사나 부사 in, out, on, around 등이 동사 go, take, put, give 등과 합쳐지면서 새로운 의미를 만들어 냅니다. 예를 들어 come across(우연히 발견하다), turn down(거절하다), run after(쫓아가다) 등이 있어요.

구동사가 왜 중요할까?

구동사는 영어를 배우는 데 있어서 정말 중요합니다. 2016년 미 대통령 후보자 힐러리 클린턴과 도널드 트럼프 사이의 3차 토론이 90분간 진행되는 동안 60개의 구동사가 쓰였습니다. 이는 1분마다 약 1개의 구동사가 쓰였다는 뜻인데 그만큼 구동사는 원어민들의 일상생활에 자주 쓰이며 중요한 부분 임을 말합니다. 원어민들은 매일매일 구동사를 사용하며 영화, 음악, 드라마, 유튜브 등에서도 수많은 구동사가 사용되는 걸 볼 수 있습니다.

《만화로 배우는 영어 구동사》가 특별한 이유?

우리는 지금까지 구동사를 단순히 '한 단어'로만 암기했습니다. 구동사는 동사와 전치사의 그림을 이해하는 것이 정말 중요한데, 이 책에서는 각 동사와 전치사 / 부사의 원리를 쉽게 풀어서 설명해 주며 예문과 그림을 통해 구동사를 쉽게 이해하고 기억할 수 있습니다.

CONTENTS

CHAPTER 01	하루 일과의 시작과 마무리	012
CHAPTER 02	친구들과 대화하기	022
CHAPTER 03	스트레스와 감정 관리하기	044
CHAPTER 04	건강과 몸 상태 이야기하기	060
CHAPTER 05	맛있는 식사 시간	074
CHAPTER 06	여유롭게 쉬거나 취미 즐기기	086
CHAPTER 07	문제와 갈등 해결하기	098
CHAPTER 08	이동하고 장소 옮기기	120
CHAPTER 09	연애와 인간관계	136
CHAPTER 10	소비와 생활 관리	154
CHAPTER 11	일과 공부하기	170
CHAPTER 12	시작과 종료 표현하기	196
CHAPTER 13	강조와 특별한 행동 표현하기	210
SPECIAL	만화로 배우는 영어 구동사 레벨업 총정리	238

학습체크표

학습체크표를 활용하여 학습 여부를 체크 ✔ 해 보세요.

CH.01	하루 일과의 시작과 마무리	1회 ☐	2회 ☐	3회 ☐	Master ☐
CH.02	친구들과 대화하기	1회 ☐	2회 ☐	3회 ☐	Master ☐
CH.03	스트레스와 감정 관리하기	1회 ☐	2회 ☐	3회 ☐	Master ☐
CH.04	건강과 몸 상태 이야기하기	1회 ☐	2회 ☐	3회 ☐	Master ☐
CH.05	맛있는 식사 시간	1회 ☐	2회 ☐	3회 ☐	Master ☐
CH.06	여유롭게 쉬거나 취미 즐기기	1회 ☐	2회 ☐	3회 ☐	Master ☐
CH.07	문제와 갈등 해결하기	1회 ☐	2회 ☐	3회 ☐	Master ☐
CH.08	이동하고 장소 옮기기	1회 ☐	2회 ☐	3회 ☐	Master ☐
CH.09	연애와 인간관계	1회 ☐	2회 ☐	3회 ☐	Master ☐
CH.10	소비와 생활 관리	1회 ☐	2회 ☐	3회 ☐	Master ☐
CH.11	일과 공부하기	1회 ☐	2회 ☐	3회 ☐	Master ☐
CH.12	시작과 종료 표현하기	1회 ☐	2회 ☐	3회 ☐	Master ☐
CH.13	강조와 특별한 행동 표현하기	1회 ☐	2회 ☐	3회 ☐	Master ☐

 만화로 배우는 영어 구동사

CHAPTER 01

하루 일과의 시작과 마무리

아침에 일어나는 순간과 일을 마무리하고 잠드는 순간을
자연스럽게 표현하는 구동사를 배웁니다.
이번 챕터에서 등장하는
'wrap(감싸다)', 'pass(넘기다)'와 같은 동사들은
얼핏 봤을 때 루틴과 관계없어 보이기도 하는데요.
원어민들은 과연 어떻게 활용하는지 주목하며 읽어 보세요.

자, 그럼 하루의 시작과 마무리를
영어로 더 생생하게 표현해 볼까요?

Can Do!
하루를 시작하고 마무리하는 상황을
구동사로 표현할 수 있어요.

Learning English Phrasal Verbs Through Comics - Level Up Edition

CHAPTER 01
전체 듣기

001 하루 일과의 시작과 마무리

sleep in
늦잠 자다, 늦게까지 자다

I love **sleeping in** on the weekend.
난 주말에 늦잠 자는 걸 좋아해.

📖 Let's Read! 구동사의 원리를 파악해 보세요!

Sleep은 '자다', in은 '안에 더 머물다'라는 뉘앙스를 줘요. 알람 없이 아침을 넘겨 늦게까지 자는 편안한 상황에서, sleep in은 '늦잠 자다', '평소보다 더 오래 자다'라는 의미로 쓰인답니다. 주말이나 휴일에 여유롭게 잠을 청할 때나 알람을 끄고 계속 잘 때에도 사용하면 좋습니다.

🎙️ Let's Speak! 주어진 표현을 반복해서 말해 보세요!

sleep in
늦잠 자다, 늦게까지 자다

I love sleeping in on the weekend.
난 주말에 늦잠 자는 걸 좋아해.

✏️ Let's Write! 다음 우리말을 보고 작문해 보세요!

난 주말에 늦잠 자는 걸 좋아해.

① _____

② _____

③ _____

002 하루 일과의 시작과 마무리

wrap up
끝내다, 마무리 짓다

It's time to wrap up for today.

오늘은 이만 마무리할 시간이에요.

📖 Let's Read! 구동사의 원리를 파악해 보세요!

Wrap은 '감싸다', up은 '완전히 마무리하다'와 같은 느낌이에요. 무언가를 포장하듯 잘 정리하여 끝을 맺는 상황에서, wrap up은 '마무리하다', '끝내다'라는 뜻으로 사용돼요. 회의나 수업을 끝낼 때 깔끔한 마무리를 위한 표현으로 자주 쓰인답니다.

🎙️ Let's Speak! 주어진 표현을 반복해서 말해 보세요!

✓ Check repeat!

wrap up
끝내다, 마무리 짓다

✓ Check repeat!

It's time to wrap up for today.
오늘은 이만 마무리할 시간이에요.

✏️ Let's Write! 다음 우리말을 보고 작문해 보세요!

오늘은 이만 마무리할 시간이에요.

① _____

② _____

③ _____

003 하루 일과의 시작과 마무리

lie down
눕다, 휴식을 취하다

Why don't you lie down and take a rest?

누워서 좀 쉬지 않을래요?

📖 Let's Read! 구동사의 원리를 파악해 보세요!

Lie는 '눕다', down은 '아래로'의 뜻을 가지고 있죠. Lie down은 몸을 세운 상태에서 수평 상태로 바꾸는 간단한 동작을 나타낸 것으로 '눕다', '휴식을 취하다'라는 뜻을 가집니다. 주로 피곤하거나 휴식을 위해 눕는 상황에서 자주 쓰여요.

🎙️ Let's Speak! 주어진 표현을 반복해서 말해 보세요!

Check repeat! ☐☐☐☐☐

lie down
눕다, 휴식을 취하다

Check repeat! ☐☐☐☐☐

Why don't you lie down and take a rest?
누워서 좀 쉬지 않을래요?

✏️ Let's Write! 다음 우리말을 보고 작문해 보세요!

누워서 좀 쉬지 않을래요?

① _____

② _____

③ _____

004 하루 일과의 시작과 마무리

pass out
기절하다, 곯아떨어지다, 졸도하다

I passed out early last night because I was so tired.

어젯밤에 너무 피곤해서 일찍 기절했어.

📖 Let's Read! 구동사의 원리를 파악해 보세요!

Pass는 '넘기다', out은 '밖으로 나가다'예요. 에너지를 다 써버려 정신이 나가듯 쓰러지는 상황을 표현하며, pass out은 '기절하다', '곯아떨어지다', '졸도하다'라는 뜻으로 활용돼요. 극도로 피곤하거나 몸 상태가 좋지 않아 의식을 잃을 정도의 상황에서도 빈번하게 쓰인답니다.

🎤 Let's Speak! 주어진 표현을 반복해서 말해 보세요!

Check repeat!

pass out
기절하다, 곯아떨어지다, 졸도하다

Check repeat!

I passed out early last night because I was so tired.
어젯밤에 너무 피곤해서 일찍 기절했어.

✏️ Let's Write! 다음 우리말을 보고 작문해 보세요!

어젯밤에 너무 피곤해서 일찍 기절했어.

❶ _____

❷ _____

❸ _____

 만화로 배우는 영어 구동사

CHAPTER 02

친구들과 대화하기

친구들과의 수다, 농담, 진지한 대화까지
사람들과 어울릴 때 자주 등장하는 구동사를 통해
소통력을 높이고 더 친근한 영어 표현을 익힐 수 있습니다.

혹시 'bring'이나 'crack'처럼
평범해 보이는 동사들이 어떤 방식으로
대화 분위기를 전환하거나 감정을 터뜨리는지
생각해 본 적 있으신가요?

이 챕터에서는 평소 대화 속 감정과 분위기를
생생하게 전달하는 표현들을 배우게 됩니다.

Can Do!
가까운 친구, 지인들과 구동사로 즐겁게
수다를 떨 수 있어요.

CHAPTER 02
전체 듣기

005 친구들과 대화하기

agree with
~에 동의하다

I completely agree with you.

네 말에 전적으로 동의해.

📖 Let's Read! 구동사의 원리를 파악해 보세요!

Agree는 '같은 의견이다'라는 뜻이고, with는 '~와 함께'라는 느낌을 줘요. 그래서 agree with는 누군가의 말이나 생각에 "나도 그래" 하고 함께하는 뉘앙스를 담고 있어요. 즉, 누군가의 의견에 동의하고 같은 입장을 취할 때 자연스럽게 쓰이는 표현입니다.

🎙️ Let's Speak! 주어진 표현을 반복해서 말해 보세요!

Check repeat!

agree with
~에 동의하다

Check repeat!

I completely agree with you.
네 말에 전적으로 동의해.

✏️ Let's Write! 다음 우리말을 보고 작문해 보세요!

네 말에 전적으로 동의해.

① _____

② _____

③ _____

CHAPTER 02 만화로 배우는 영어 구동사 Level Up!

006 친구들과 대화하기

bring up
언급하다, 말을 꺼내다

It's a sensitive topic, so don't bring it up.
그건 민감한 주제니까 언급하지 마.

📖 Let's Read! 구동사의 원리를 파악해 보세요!

Bring은 '가져오다', up은 '위로'와 같이 방향을 나타내요. 이 표현은 마음속에 있는 이야기를 입 밖으로 끌어올리는 동작을 연상시켜요. 그래서 누군가에게 이야기를 '꺼내다', '언급하다'라는 의미로 활용할 수 있답니다.

🎙️ Let's Speak! 주어진 표현을 반복해서 말해 보세요!

Check repeat! ☐☐☐☐☐

bring up
언급하다, 말을 꺼내다

Check repeat! ☐☐☐☐☐

It's a sensitive topic, so don't bring it up.
그건 민감한 주제니까 언급하지 마.

✏️ Let's Write! 다음 우리말을 보고 작문해 보세요!

그건 민감한 주제니까 언급하지 마.

❶ _____

❷ _____

❸ _____

007 친구들과 대화하기

ask around
주변에 물어보다

She likes to ask around for restaurant recommendations.

그녀는 주변 사람들에게 식당을 추천해달라고 물어보는 걸 좋아해요.

📖 Let's Read! 구동사의 원리를 파악해 보세요!

Ask는 '묻다', around는 '이곳저곳을 둘러보다'라는 의미를 담고 있죠. 그래서 ask around는 한 사람에게 묻는 게 아니라, 여러 사람에게 돌아가면서 물어보는 장면이 연상돼요. 다시 말해 무언가를 찾거나 정보를 얻기 위해 '주변에 물어보다'라는 뜻으로 활용할 수 있어요.

🎙️ Let's Speak! 주어진 표현을 반복해서 말해 보세요!

Check repeat! ☐☐☐☐☐

ask around
주변에 물어보다

Check repeat! ☐☐☐☐☐

She likes to ask around for restaurant recommendations.
그녀는 주변 사람들에게 식당을 추천해달라고 물어보는 걸 좋아해요.

✏️ Let's Write! 다음 우리말을 보고 작문해 보세요!

그녀는 주변 사람들에게 식당을 추천해달라고 물어보는 걸 좋아해요.

❶ _____

❷ _____

❸ _____

008 친구들과 대화하기

laugh at
비웃다, 조롱하다

Don't laugh at others.

다른 사람을 비웃지 마.

📖 Let's Read! 구동사의 원리를 파악해 보세요!

Laugh는 '웃다', at은 '~을 향해'처럼 방향을 나타내요. 즉 laugh at은 단순히 웃는 것을 넘어서 특정 대상을 향해 웃는다는 의미가 되며, 보통 '비웃다' 또는 '조롱하다'와 같이 부정적인 상황에서 쓰인답니다.

🔊 Let's Speak! 주어진 표현을 반복해서 말해 보세요!

Check repeat!

laugh at
비웃다, 조롱하다

Check repeat!

Don't laugh at others.
다른 사람을 비웃지 마.

✏️ Let's Write! 다음 우리말을 보고 작문해 보세요!

다른 사람을 비웃지 마.

① _____

② _____

③ _____

009 친구들과 대화하기

crack up
빵 터지다, 크게 웃다

That video cracks me up.

그 영상 보고 빵 터졌어.

📖 Let's Read! 구동사의 원리를 파악해 보세요!

Crack은 '갈라지다'라는 뜻을, up은 '위로 터지다'와 같이 방향의 성질을 가지고 있어요. 이 표현은 웃음을 참지 못하고 터뜨리는 모습을 연상시킨답니다. 그래서 crack up은 '빵 터지다', '크게 웃다'라는 뜻으로 유쾌한 상황에서 자주 사용돼요.

🎙️ Let's Speak! 주어진 표현을 반복해서 말해 보세요!

crack up
빵 터지다, 크게 웃다

That video cracks me up.
그 영상 보고 빵 터졌어.

✏️ Let's Write! 다음 우리말을 보고 작문해 보세요!

그 영상 보고 빵 터졌어.

① _____

② _____

③ _____

010 친구들과 대화하기

open up
마음을 터놓고 말하다

I'm so happy (that) you feel like you can open up to me.

네가 나에게 마음 터놓고 말할 수 있다고 생각하니 정말 기뻐.

📖 Let's Read! 구동사의 원리를 파악해 보세요!

Open은 '열다', up은 '완전히'라는 뉘앙스예요. 물리적으로 문을 활짝 여는 모습에서 확장되어 마음을 열고 속마음을 털어놓는 듯한 뉘앙스가 생겨났는데, 원어민들은 open up을 '마음을 열다', '털어놓다'라는 뜻으로 사용해요. 평소에 잘 들어내지 않던 생각이나 감정을 상대방에게 솔직히 표현하는 느낌이 강합니다.

🎤 Let's Speak! 주어진 표현을 반복해서 말해 보세요!

open up
마음을 터놓고 말하다

I'm so happy (that) you feel like you can open up to me.
네가 나에게 마음 터놓고 말할 수 있다고 생각하니 정말 기뻐.

✏️ Let's Write! 다음 우리말을 보고 작문해 보세요!

네가 나에게 마음 터놓고 말할 수 있다고 생각하니 정말 기뻐.

❶ _____

❷ _____

❸ _____

011 친구들과 대화하기

cut in
끼어들다, 새치기하다

I'm sorry to cut in on your conversation, but can I ask you a question?

대화 중에 끼어들어서 죄송하지만, 질문 하나 해도 될까요?

📖 Let's Read!   구동사의 원리를 파악해 보세요!

Cut은 '자르다', in은 '안으로 들어오다'라는 뜻이에요. 주로 대화나 줄거리 같은 흐름 속에 갑자기 끼어드는 상황에서 쓰인답니다. 이 cut in을 현지에서는 '끼어들다', '새치기하다'라는 의미로 활용해요.

🎙️ Let's Speak!   주어진 표현을 반복해서 말해 보세요!

Check repeat!

cut in
끼어들다, 새치기하다

Check repeat!

I'm sorry to cut in on your conversation, but can I ask you a question?
대화 중에 끼어들어서 죄송하지만, 질문 하나 해도 될까요?

✏️ Let's Write!   다음 우리말을 보고 작문해 보세요!

대화 중에 끼어들어서 죄송하지만, 질문 하나 해도 될까요?

① _____

② _____

③ _____

CHAPTER 02

012 친구들과 대화하기

Did you hear about what happened?
무슨 일이 있었는지 들었어?

📖 Let's Read! 구동사의 원리를 파악해 보세요!

Hear는 '듣다', about은 '~에 대해'라는 의미를 갖고 있어요. 특정한 사건이나 주제에 대한 소식을 듣게 되는 뉘앙스로, hear about은 '~에 대해 듣다', '소식을 접하다'라는 뜻이 된답니다. 주로 어떤 소식을 전달하거나 새로운 정보를 공유할 때 자연스럽게 쓰는 표현이에요. 참고로 about 뒤에는 소식, 사건, 이야기 등이 따라온답니다.

🎙️ Let's Speak! 주어진 표현을 반복해서 말해 보세요!

Check repeat!

hear about
~에 관해서 소식을 듣다

Check repeat!

Did you hear about what happened?
무슨 일이 있었는지 들었어?

✏️ Let's Write! 다음 우리말을 보고 작문해 보세요!

무슨 일이 있었는지 들었어?

1.
2.
3.

013 친구들과 대화하기

settle in
적응하다, 자리를 잡다

Are you starting to settle in your new neighborhood?

새로운 동네에 적응하기 시작했어?

📖 Let's Read! 구동사의 원리를 파악해 보세요!

Settle은 '정착하다', in은 '안으로'라는 공간적인 의미를 지닙니다. 새로운 공간이나 환경에 들어가 몸과 마음이 자리를 잡아가는 느낌으로, settle in은 '적응하다', '자리를 잡다'라는 뜻으로 사용됩니다. 새로운 집이나 직장에서 편안해지고 익숙해질 때 사용할 수 있는 표현이에요.

🎙️ Let's Speak! 주어진 표현을 반복해서 말해 보세요!

Check repeat!

settle in
적응하다, 자리를 잡다

Check repeat!

Are you starting to settle in your new neighborhood?
새로운 동네에 적응하기 시작했어?

✏️ Let's Write! 다음 우리말을 보고 작문해 보세요!

새로운 동네에 적응하기 시작했어?

1.
2.
3.

014 친구들과 대화하기

object to
~에 반대하다

I wouldn't **object to** ordering pizza for dinner.

난 저녁으로 피자 시키는 거 반대 안 해.

📖 Let's Read! 구동사의 원리를 파악해 보세요!

Object는 '반대하다', to는 '~에 대하여'를 뜻해요. 어떤 주장이나 계획에 대해 마음속으로 맞지 않다고 느끼고 반응하는 표현으로, object to는 '~에 반대하다'라는 의미가 된답니다. 공식적, 비공식적 상황에서 자신의 반대 의견을 명확히 표현할 때 적합해요.

🎙️ Let's Speak! 주어진 표현을 반복해서 말해 보세요!

Check repeat!

object to
~에 반대하다

Check repeat!

I wouldn't object to ordering pizza for dinner.
난 저녁으로 피자 시키는 거 반대 안 해.

✏️ Let's Write! 다음 우리말을 보고 작문해 보세요!

난 저녁으로 피자 시키는 거 반대 안 해.

① _____

② _____

③ _____

 만화로 배우는 영어 구동사

CHAPTER 03

스트레스와 감정 관리하기

짜증, 분노, 긴장, 기쁨 등 다양한 감정을
영어로 자연스럽게 표현하는 데
도움이 되는 구동사들을 다룹니다.

'piss', 'cool', 'lighten'처럼
감정과 관련 없는 것처럼 보이는 단어들이
어떻게 '화남', '진정', '분위기 전환'과
연결되는지 궁금하지 않으세요?
우리말처럼 미묘한 감정 변화도 영어로 생생하게
전달할 수 있도록 연습해 보는 챕터입니다.

감정을 '참는' 게 아니라, '표현'하는 영어를 익혀 보세요.

Can Do!
일상생활에서 받는 스트레스와 다양한 감정들을
구동사로 표현할 수 있어요.

Learning English Phrasal Verbs Through Comics - Level Up Edition

015 스트레스와 감정 관리하기

chill out
긴장을 풀다, 편히 쉬다

This weekend, I just want to chill out at home.

전 이번 주말에는 그냥 집에서 쉬고 싶어요.

📖 Let's Read! 구동사의 원리를 파악해 보세요!

Chill은 원래 '차게 하다'라는 뜻이고, out은 '밖으로 풀어내다'와 같은 느낌을 줘요. 이 표현은 긴장감이나 스트레스를 바깥으로 흘려보내는 듯한 뉘앙스가 있답니다. 그래서 chill out은 '긴장을 풀다', '편히 쉬다'라는 의미로, 친구들끼리는 "좀 진정해"와 같은 뉘앙스로 말할 때 자주 쓰여요.

🎙️ Let's Speak! 주어진 표현을 반복해서 말해 보세요!

Check repeat! ☐☐☐☐☐

chill out
긴장을 풀다, 편히 쉬다

Check repeat! ☐☐☐☐☐

This weekend, I just want to chill out at home.
전 이번 주말에는 그냥 집에서 쉬고 싶어요.

✏️ Let's Write! 다음 우리말을 보고 작문해 보세요!

전 이번 주말에는 그냥 집에서 쉬고 싶어요.

❶ _____

❷ _____

❸ _____

016 스트레스와 감정 관리하기

cool down
식히다, 진정하다

식혀 먹어야 해.

You should wait for the soup to cool down before you eat it.

수프가 식을 때까지 기다렸다가 먹어야 해.

📖 Let's Read! 구동사의 원리를 파악해 보세요!

Cool은 '차갑게 하다', down은 '아래로, 진정되게'라는 뉘앙스를 줘요. 두 단어가 만나면 열이 올라 있는 상태나 흥분된 감정을 점점 낮추는 이미지가 그려지는데, 즉 cool down은 '식히다', '진정하다'라는 의미로 사용돼요. 운동 후에 몸을 식힐 때, 화가 나서 마음을 가라앉힐 때도 활용할 수 있어요.

🎙️ Let's Speak! 주어진 표현을 반복해서 말해 보세요!

cool down
식히다, 진정하다

You should wait for the soup to cool down before you eat it.
수프가 식을 때까지 기다렸다가 먹어야 해.

✏️ Let's Write! 다음 우리말을 보고 작문해 보세요!

수프가 식을 때까지 기다렸다가 먹어야 해.

①
②
③

017 스트레스와 감정 관리하기

freak out
기겁하다, 깜짝 놀라다, 패닉에 빠지다

Don't freak out, but I need to borrow some money.

놀라지 마, 나 돈 좀 빌려야 할 것 같아.

📖 Let's Read! 구동사의 원리를 파악해 보세요!

Freak은 원래 '비정상적으로 반응하다', out은 '밖으로 튀어 나가다'라는 뉘앙스를 가져요. 감정이 과하게 폭발하는 모습을 연상시키며, freak out은 '기겁하다', '패닉에 빠지다'라는 뜻이 된답니다. 놀람, 공포, 흥분 등 강한 감정을 주체하지 못할 때 자주 쓰이는 표현이며, 긍정적인 상황에서도 사용할 수 있어요.

🎙️ Let's Speak! 주어진 표현을 반복해서 말해 보세요!

freak out
기겁하다, 깜짝 놀라다, 패닉에 빠지다

Don't freak out, but I need to borrow some money.
놀라지 마, 나 돈 좀 빌려야 할 것 같아.

✏️ Let's Write! 다음 우리말을 보고 작문해 보세요!

놀라지 마, 나 돈 좀 빌려야 할 것 같아.

①

②

③

018 스트레스와 감정 관리하기

lighten up
분위기를 밝게 하다, 기분을 풀다

How about lightening up the mood with some music?

음악으로 분위기를 밝게 하는 건 어떨까요?

📖 Let's Read! 구동사의 원리를 파악해 보세요!

Lighten은 '가볍게 하다', up은 '완전히'라는 의미를 갖고 있어요. 이 둘이 합쳐진 lighten up은 지나치게 심각하거나 무거운 분위기를 밝게 만들고 싶을 때, '기분을 풀다', '분위기를 부드럽게 하다'라는 뜻으로 활용할 수 있어요. 가까운 사이에서는 "Hey, lighten up! It's just a joke.(야, 좀 풀어! 농담한 거야.)"와 같이 너무 예민하게 굴지말라는 충고의 뉘앙스로 사용하기도 해요.

🎙️ Let's Speak! 주어진 표현을 반복해서 말해 보세요!

Check repeat! ☐☐☐☐☐
lighten up
분위기를 밝게 하다, 기분을 풀다

Check repeat! ☐☐☐☐☐
How about lightening up the mood with some music?
음악으로 분위기를 밝게 하는 건 어떨까요?

✏️ Let's Write! 다음 우리말을 보고 작문해 보세요!

음악으로 분위기를 밝게 하는 건 어떨까요?

❶ _____

❷ _____

❸ _____

019 스트레스와 감정 관리하기

piss off
화나게 하다

It pisses me off when I have to work overtime.

난 야근해야 할 때 정말 화가 나.

📖 Let's Read!   구동사의 원리를 파악해 보세요!

Piss는 속어로 '짜증나게 하다', off는 '떨어져 나가다'예요. 관계가 틀어질 정도로 상대를 화나게 하거나 기분을 상하게 할 때 piss off는 '화를 돋우다', '짜증나게 하다'라는 의미로 사용된답니다. 감정이 격해질 때 강한 어조로 많이 사용하며, 공적인 자리에서는 피하는 것이 좋아요.

🎙️ Let's Speak!   주어진 표현을 반복해서 말해 보세요!

piss off
화나게 하다

It pisses me off when I have to work overtime.
난 야근해야 할 때 정말 화가 나.

✏️ Let's Write!   다음 우리말을 보고 작문해 보세요!

난 야근해야 할 때 정말 화가 나.

❶

❷

❸

020 스트레스와 감정 관리하기

CHAPTER 03 만화로 배우는 영어 구동사 Level Up!

obsessed with
~에 집착하다, 꽂히다

He is obsessed with becoming the best in his field.

그는 자신의 분야에서 최고가 되는 것에 집착하고 있어.

📖 Let's Read! 구동사의 원리를 파악해 보세요!

Obsessed는 '무언가에 사로잡힌 상태'를 말하고, with는 '~에 대해'라는 의미예요. 이 표현은 어떤 대상이나 생각이 머릿속을 떠나지 않고 계속 맴도는 이미지를 연상시켜요. 따라서 영화, 음식, 사람 등에 '완전히 빠져 있다', '집착하다'라는 뜻이 됩니다.

🎙 Let's Speak! 주어진 표현을 반복해서 말해 보세요!

obsessed with
~에 집착하다, 꽂히다

He is obsessed with becoming the best in his field.
그는 자신의 분야에서 최고가 되는 것에 집착하고 있어.

✏️ Let's Write! 다음 우리말을 보고 작문해 보세요!

그는 자신의 분야에서 최고가 되는 것에 집착하고 있어.

❶ _____

❷ _____

❸ _____

021 스트레스와 감정 관리하기

be fed up with
지긋지긋하다, 질리다

I'm fed up with doing all the house chores.

모든 집안일을 내가 하는 게 지긋지긋해.

📖 Let's Read! 구동사의 원리를 파악해 보세요!

Fed up은 '배가 너무 불러 더는 못 먹는 상태'에서 온 표현이고, with는 '~에 대해'라는 의미예요. Be fed up with는 어떤 상황에 너무 지쳐 더는 참을 수 없을 때 쓰는데, 원어민들은 '지긋지긋하다', '이제 정말 질렸다'라는 뉘앙스로 활용한답니다.

🎙️ Let's Speak! 주어진 표현을 반복해서 말해 보세요!

Check repeat!
☐☐☐☐☐

be fed up with
지긋지긋하다, 질리다

Check repeat!
☐☐☐☐☐

I'm fed up with doing all the house chores.
모든 집안일을 내가 하는 게 지긋지긋해.

✏️ Let's Write! 다음 우리말을 보고 작문해 보세요!

모든 집안일을 내가 하는 게 지긋지긋해.

① _____

② _____

③ _____

 만화로 배우는 영어 구동사

CHAPTER 04

건강과 몸 상태
이야기하기

아플 때, 피곤할 때, 회복 중일 때 사용하는
구동사들을 익혀두면 일상 대화는 물론
비상 상황에서도 자신 있게 표현할 수 있습니다.

'come down with'는 감기나 독감 같은 질병에
걸릴 때 자주 쓰이고,
'throw up'은 위급한 몸 상태를
즉각적으로 전달할 수 있는 표현입니다.

직접 병원에 가거나, 누군가의 건강을 걱정하는 상황에서
이번 챕터의 구동사들을 유용하게 사용해 보세요.

Can Do!
나의 신체 컨디션를 구동사로 설명할 수 있어요.

Learning English Phrasal Verbs Through Comics - Level Up Edition

CHAPTER 04
전체 듣기

022 건강과 몸 상태 이야기하기

CHAPTER 04 만화로 배우는 영어 구동사 Level Up!

come down with
병에 걸리다

Brittney came down with a cold.
브리트니가 감기에 걸렸어.

📖 Let's Read! 구동사의 원리를 파악해 보세요!

Come은 '다가오다', down은 '아래로 떨어지다', with는 '~와 함께'를 의미해요. 이 세 단어가 결합된 come down with는 몸 상태가 아래로 떨어지고 병이 함께 따라오는 느낌을 줍니다. 그래서 감기나 열 같은 가벼운 질병에 걸릴 때 '병에 걸리다'라는 의미로 사용됩니다.

🎙️ Let's Speak! 주어진 표현을 반복해서 말해 보세요!

✓ Check repeat!
☐☐☐☐☐
come down with
병에 걸리다

✓ Check repeat!
☐☐☐☐☐
Brittney came down with a cold.
브리트니가 감기에 걸렸어.

✏️ Let's Write! 다음 우리말을 보고 작문해 보세요!

브리트니가 감기에 걸렸어.

① _____

② _____

③ _____

023 건강과 몸 상태 이야기하기

throw up
토하다

Paul felt nauseous and threw up.

폴은 속이 메스꺼워서 토했어요.

📖 Let's Read! 구동사의 원리를 파악해 보세요!

Throw는 '던지다', up은 '위로'와 같이 방향을 나타내요. 몸속에 있던 것을 위로 쏟아내는 장면을 연상시키며, throw up은 '토하다'라는 뜻으로 사용할 수 있어요. 속이 메스껍거나 울렁거릴 때 자연스럽게 사용해 보세요.

🎤 Let's Speak! 주어진 표현을 반복해서 말해 보세요!

Check repeat! ☐☐☐☐☐

throw up
토하다

Check repeat! ☐☐☐☐☐

Paul felt nauseous and threw up.
폴은 속이 메스꺼워서 토했어요.

✏️ Let's Write! 다음 우리말을 보고 작문해 보세요!

폴은 속이 메스꺼워서 토했어요.

❶ _____

❷ _____

❸ _____

CHAPTER 04 만화로 배우는 영어 구동사 Level Up!

024 건강과 몸 상태 이야기하기

swell up
붓다, 부풀어 오르다

If I eat junk food late at night, my face always swells up the next morning.

난 밤늦게 정크푸드를 먹으면
다음 날 아침에 항상 얼굴이 부어.

📖 Let's Read! 구동사의 원리를 파악해 보세요!

Swell은 '부풀다', up은 '위로 커지다'라는 느낌을 줍니다. 신체 부위나 감정이 점점 커지는 상황을 표현하며, swell up은 '붓다', '부풀어 오르다'라는 의미로 쓰인답니다. 부상이나 알레르기 반응으로 몸이 붓는 상황에서 자주 들을 수 있는 표현이에요.

🎙️ Let's Speak! 주어진 표현을 반복해서 말해 보세요!

Check repeat! ☐☐☐☐☐

swell up
붓다, 부풀어 오르다

Check repeat! ☐☐☐☐☐

If I eat junk food late at night, my face always swells up the next morning.
난 밤늦게 정크푸드를 먹으면 다음 날 아침에 항상 얼굴이 부어.

✏️ Let's Write! 다음 우리말을 보고 작문해 보세요!

난 밤늦게 정크푸드를 먹으면 다음 날 아침에 항상 얼굴이 부어.

❶ _____

❷ _____

❸ _____

CHAPTER 04 · 만화로 배우는 영어 구동사 Level Up!

025 건강과 몸 상태 이야기하기

knock out
기절시키다, 곯아떨어지게 하다

That cold medicine knocked me out.

그 감기약은 날 곯아떨어지게 했어.

📖 Let's Read! 구동사의 원리를 파악해 보세요!

Knock은 '세게 치다', out은 '밖으로 나가게 하다'라는 뉘앙스예요. Knock out은 충격이나 피로로 인해 정신을 잃거나 쓰러지는 상황을 표현하며, 다시 말해 '기절시키다', '혼을 빼놓다'라는 의미로 쓰여요. 실제로 권투 경기뿐만 아니라 피곤해서 쓰러질 정도의 상태를 표현할 때도 빈번하게 쓰입니다.

🎙 Let's Speak! 주어진 표현을 반복해서 말해 보세요!

Check repeat!

knock out
기절시키다, 곯아떨어지게 하다

Check repeat!

That cold medicine knocked me out.
그 감기약은 날 곯아떨어지게 했어.

✏ Let's Write! 다음 우리말을 보고 작문해 보세요!

그 감기약은 날 곯아떨어지게 했어.

❶ _____

❷ _____

❸ _____

026 건강과 몸 상태 이야기하기

wear out
닳게 하다, 지치게 하다

The long hike wore us out.

우린 장거리 하이킹으로 지쳤어요.

📖 Let's Read! 구동사의 원리를 파악해 보세요!

Wear는 '입다, 닳다', out은 '완전히'라는 의미를 가졌어요. 물건이나 사람의 에너지가 닳고 닳아 없어지는 뉘앙스가 추가되었는데, 원어민들은 wear out을 '닳게 하다', '지치게 하다'라는 뜻으로 활용해요. 장기간의 활동이나 과로로 몸과 마음이 지쳤을 때 자연스럽게 쓰이는 표현입니다.

🎙 Let's Speak! 주어진 표현을 반복해서 말해 보세요!

wear out
닳게 하다, 지치게 하다

The long hike wore us out.
우린 장거리 하이킹으로 지쳤어요.

✏️ Let's Write! 다음 우리말을 보고 작문해 보세요!

우린 장거리 하이킹으로 지쳤어요.

① _____

② _____

③ _____

027 건강과 몸 상태 이야기하기

pass away
세상을 떠나다, 돌아가시다

He passed away last year.

그는 작년에 세상을 떠났어요.

📖 Let's Read! 구동사의 원리를 파악해 보세요!

Pass는 '지나가다', away는 '멀리 떨어지는'과 같은 느낌이에요. Pass away는 삶이라는 시간이나 공간을 조용히 지나 멀리 사라지는 듯한 이미지로, 사람의 죽음을 완곡하게 표현할 때 사용돼요. 즉 '돌아가시다'와 같이 죽음을 공손하게 표현할 때 활용할 수 있어요.

🎙 Let's Speak! 주어진 표현을 반복해서 말해 보세요!

Check repeat!

pass away
세상을 떠나다, 돌아가시다

Check repeat!

He passed away last year.
그는 작년에 세상을 떠났어요.

✏ Let's Write! 다음 우리말을 보고 작문해 보세요!

그는 작년에 세상을 떠났어요.

❶ _____

❷ _____

❸ _____

만화로 배우는 영어 구동사

CHAPTER 05

맛있는 **식사** 시간

배달 주문, 외식, 폭식 등 음식과 관련된
다양한 상황에서 쓸 수 있는 구동사를 배우며
음식에 대한 영어 표현력을 넓힐 수 있습니다.

또 미국 드라마나 유튜브 먹방 콘텐츠에서
자주 등장하는 표현들을 배우며,
영어식 식사 문화와 언어 표현을 함께 익힐 수 있는
흥미로운 챕터입니다.

Can Do!
식사와 관련된 다양한 상황을
구동사로 표현할 수 있어요.

028 맛있는 식사 시간

eat out
외식하다, 집 밖에서 식사하다

We eat out about once a week.

우리는 일주일에 한 번 정도 외식해요.

📖 Let's Read! 구동사의 원리를 파악해 보세요!

Eat은 '먹다'라는 뜻이고, out은 '밖에서', '바깥으로'라는 공간적 뉘앙스가 담겨 있어요. 이 두 단어가 만나면 집 안에서 먹는 게 아니라 바깥의 식당이나 카페 등에서 식사를 하는 느낌이 됩니다. 그래서 eat out은 '외식하다'와 같이 집 밖에서 음식을 사 먹는다는 뜻으로 자연스럽게 연결돼요. 원어민 친구와 약속, 데이트, 외식이 있을 때 활용해 보세요.

🎙️ Let's Speak! 주어진 표현을 반복해서 말해 보세요!

Check repeat! ☐☐☐☐☐

eat out
외식하다, 집 밖에서 식사하다

Check repeat! ☐☐☐☐☐

We eat out about once a week.
우리는 일주일에 한 번 정도 외식해요.

✏️ Let's Write! 다음 우리말을 보고 작문해 보세요!

우리는 일주일에 한 번 정도 외식해요.

❶ _____

❷ _____

❸ _____

029 맛있는 식사 시간

order in
음식을 시켜 먹다, 배달시키다

Do you want to order in or cook tonight?

오늘 밤에 배달시켜 먹을래 아니면 요리할래?

📖 Let's Read! 구동사의 원리를 파악해 보세요!

Order는 '주문하다', in은 '안으로'예요. 음식이나 물건을 밖에서 주문해 집 안으로 받아들이는 동작으로, order in은 '음식을 시켜먹다', '배달시키다'라는 의미랍니다. 흔히 요리하기 귀찮아서 집에서 편안하게 배달시켜 먹을 때 사용해요.

🎙️ Let's Speak! 주어진 표현을 반복해서 말해 보세요!

Check repeat! ☐☐☐☐☐

order in
음식을 시켜 먹다, 배달시키다

Check repeat! ☐☐☐☐☐

Do you want to order in or cook tonight?
오늘 밤에 배달시켜 먹을래 아니면 요리할래?

✏️ Let's Write! 다음 우리말을 보고 작문해 보세요!

오늘 밤에 배달시켜 먹을래 아니면 요리할래?

❶ _____

❷ _____

❸ _____

030 맛있는 식사 시간

dig in
식사를 시작하다, 마음껏 먹다

Dig in, everyone!
다들 맛있게 드세요!

📖 Let's Read! 구동사의 원리를 파악해 보세요!

Dig는 '파다', in은 '안으로'예요. 숟가락이나 포크가 음식 안으로 파고드는 동작에서 유래된 표현으로, dig in은 '식사를 시작하다', '마음껏 먹다'라는 뜻입니다. "자, 이제 먹자!"라는 느낌이죠.

🎙️ Let's Speak! 주어진 표현을 반복해서 말해 보세요!

✓ Check repeat!
☐☐☐☐☐

dig in
식사를 시작하다, 마음껏 먹다

✓ Check repeat!
☐☐☐☐☐

Dig in, everyone!
다들 맛있게 드세요!

✏️ Let's Write! 다음 우리말을 보고 작문해 보세요!

다들 맛있게 드세요!

① _____

② _____

③ _____

031 맛있는 식사 시간

pig out
과식하다, 폭식하다

We pigged out on fried chicken last Saturday.

우리는 지난 토요일에 후라이드 치킨을 엄청 먹었어.

📖 Let's Read! 구동사의 원리를 파악해 보세요!

Pig는 '돼지', out은 '끝까지, 지나치게'라는 뉘앙스를 담고 있어요. 음식을 한계 없이 마구 먹는 모습을 비유적으로 표현하는데, 원어민들은 pig out을 '과식하다', '폭식하다'라는 뜻으로 사용해요. 참고로 특별한 날이나 스트레스가 심할 때 음식으로 해소하는 상황에서 자연스럽게 쓰여요.

🎙️ Let's Speak! 주어진 표현을 반복해서 말해 보세요!

pig out
과식하다, 폭식하다

We pigged out on fried chicken last Saturday.
우리는 지난 토요일에 후라이드 치킨을 엄청 먹었어.

✏️ Let's Write! 다음 우리말을 보고 작문해 보세요!

우리는 지난 토요일에 후라이드 치킨을 엄청 먹었어.

① _____

② _____

③ _____

032 맛있는 식사 시간

die for
~을 너무 사랑하다, 완전 최고다

This cake is absolutely to die for!

이 케이크 맛이 끝내줘!

📖 Let's Read! 구동사의 원리를 파악해 보세요!

Die는 '죽다', for는 '~을 위해'예요. Die for는 직역하면 '~을 위해 죽을 수 있다'는 말이죠. 이 표현은 실제로 죽는다는 의미보다는 정말 맛있는 음식이나 간절히 원하는 것에 대해 '~을 너무 사랑하다', '완전 최고다'라는 뜻으로 쓸 수 있어요.

🎙 Let's Speak! 주어진 표현을 반복해서 말해 보세요!

die for
~을 너무 사랑하다, 완전 최고다

This cake is absolutely to die for!
이 케이크 맛이 끝내줘!

✏️ Let's Write! 다음 우리말을 보고 작문해 보세요!

이 케이크 맛이 끝내줘!

① _____

② _____

③ _____

 만화로 배우는 영어 구동사

CHAPTER 06

여유롭게 쉬거나 취미 즐기기

'slack', 'zone', 'stay'처럼 평범한 단어들이 왜
'멍 때리기', '빈둥거리기', '집콕'을 의미하게 됐을까요?

혼자만의 시간을 보내거나 집에서 편하게 쉴 때,
취미 활동을 할 때,
자연스럽게 쓸 수 있는 구동사들을 통해
'쉼'의 순간을 영어로 담아낼 수 있습니다.

이 표현들을 알고 나면
"오늘 아무것도 안 하고 그냥 집에 있었어"
같은 말도 영어로 더 간단하고 자연스럽게
말할 수 있게 됩니다.

| 잉툰 만화 1 |
| 잉툰 만화 2 |
| 잉툰 만화 3 |
| 잉툰 만화 4 |

Can Do!
쉬는 날에 무엇을 하며 시간을 보내는지
구동사로 설명할 수 있어요.

Learning English Phrasal Verbs Through Comics - Level Up Edition

CHAPTER 06
전체 듣기

033 여유롭게 쉬거나 취미 즐기기

slack off
농땡이를 부리다, 게으름을 피우다

I feel like slacking off today.
오늘 농땡이 좀 피우고 싶네.

📖 Let's Read! 구동사의 원리를 파악해 보세요!

Slack은 '느슨하다', off는 '멀어지다'라는 느낌을 줘요. 이 둘이 합쳐지면 해야 할 일이나 집중력에서 점점 멀어지는 듯한 모습이 그려져요. 그래서 일이나 공부에 집중하지 않고 '게으름을 피우다', '농땡이 치다'라는 뜻으로 쓰인답니다.

🎙️ Let's Speak! 주어진 표현을 반복해서 말해 보세요!

slack off
농땡이를 부리다, 게으름을 피우다

I feel like slacking off today.
오늘 농땡이 좀 피우고 싶네.

✏️ Let's Write! 다음 우리말을 보고 작문해 보세요!

오늘 농땡이 좀 피우고 싶네.

① _____

② _____

③ _____

034 여유롭게 쉬거나 취미 즐기기

lie around
빈둥거리며 쉬다

I've been lying around all day.

난 하루 종일 빈둥대면서 쉬었어.

📖 Let's Read! 구동사의 원리를 파악해 보세요!

Lie는 '눕다', around는 '이곳저곳'이라는 의미예요. Lie around는 아무 목적 없이 여기저기 누워서 시간을 보내는 모습을 떠올리게 하며, '빈둥거리다', '뒹굴다'라는 뜻으로 사용할 수 있어요. 편안하게 게으름을 피우는 상황을 표현하는 데 잘 어울린답니다.

🎙️ Let's Speak! 주어진 표현을 반복해서 말해 보세요!

Check repeat!

lie around
빈둥거리며 쉬다

Check repeat!

I've been lying around all day.
난 하루 종일 빈둥대면서 쉬었어.

✏️ Let's Write! 다음 우리말을 보고 작문해 보세요!

난 하루 종일 빈둥대면서 쉬었어.

① _____

② _____

③ _____

035 여유롭게 쉬거나 취미 즐기기

stay in
집에 있다

I'm feeling a bit tired,
so I'm going to stay in tonight.

난 좀 피곤해서 오늘 밤은 집에 있어야겠어.

📖 Let's Read! 구동사의 원리를 파악해 보세요!

Stay는 '머무르다', in은 '안에'라는 의미예요. 그래서 stay in은 외출하지 않고 실내에 머무는 것, 즉 '집에 있다', '밖에 나가지 않다'라는 뜻으로 사용해요. 특별한 계획 없이 집에서 편히 쉬는 상황을 나타낼 때 활용할 수 있어요.

🎤 Let's Speak! 주어진 표현을 반복해서 말해 보세요!

Check repeat! ☐☐☐☐☐

stay in
집에 있다

Check repeat! ☐☐☐☐☐

I'm feeling a bit tired, so I'm going to stay in tonight.
난 좀 피곤해서 오늘 밤은 집에 있어야겠어.

✏️ Let's Write! 다음 우리말을 보고 작문해 보세요!

난 좀 피곤해서 오늘 밤은 집에 있어야겠어.

❶ _____

❷ _____

❸ _____

036 여유롭게 쉬거나 취미 즐기기

stay out
외박하다

He stayed out all night partying with his friends.

그는 친구들과 밤새도록 파티를 하느라 외박했어요.

📖 Let's Read! 구동사의 원리를 파악해 보세요!

Stay는 '머무르다', out은 '밖에'라는 의미예요. Stay out은 밤늦도록 외부에 머무르며 귀가하지 않는 상태를 뜻하는데, 즉 '외박하다', '밤늦게까지 밖에 있다'라는 의미를 나타내요. 부모님이나 가족이 걱정할 정도로 늦게까지 집에 들어가지 않을 때 종종 사용됩니다.

🎤 Let's Speak! 주어진 표현을 반복해서 말해 보세요!

✓ Check repeat!
☐☐☐☐☐ **stay out**
외박하다

✓ Check repeat!
☐☐☐☐☐ **He stayed out all night partying with his friends.**
그는 친구들과 밤새도록 파티를 하느라 외박했어요.

✏️ Let's Write! 다음 우리말을 보고 작문해 보세요!

그는 친구들과 밤새도록 파티를 하느라 외박했어요.

❶ _____

❷ _____

❸ _____

037 여유롭게 쉬거나 취미 즐기기

get into
~에 빠지다/흥미를 갖게 되다, 입문하다

I recently got into Pilates.

전 최근 필라테스에 빠졌어요.

📖 Let's Read! 구동사의 원리를 파악해 보세요!

Get은 '들어가다', into는 '~안으로'라는 뜻이에요. Get into는 어떤 대상이나 활동 속으로 들어가는 이미지를 떠올리게 하며, 관심을 가지기 시작하거나 본격적으로 시작하는 상황에서 '빠지다', '입문하다'라는 뜻으로 쓰입니다. 새로운 취미나 분야에 몰입하거나, 어떤 상태에 빠져드는 감정을 표현할 때도 유용하니, 기억해 두면 좋겠죠?

🎙️ Let's Speak! 주어진 표현을 반복해서 말해 보세요!

Check repeat! ☐☐☐☐☐

get into
~에 빠지다/흥미를 갖게 되다, 입문하다

Check repeat! ☐☐☐☐☐

I recently got into Pilates.
전 최근 필라테스에 빠졌어요.

✏️ Let's Write! 다음 우리말을 보고 작문해 보세요!

전 최근 필라테스에 빠졌어요.

❶ _____

❷ _____

❸ _____

 만화로 배우는 영어 구동사

CHAPTER 07

문제와 갈등 해결하기

문제를 발견하고, 원인을 파악하고,
해결책을 찾는 과정에서 사용할 수 있는
구동사를 중심으로 실질적인 의사소통 능력을 키워 보세요.

특히 'figure out', 'clear up', 'mess up' 등은
문제를 해결하거나 잘못을 바로잡는 상황에서 자주 쓰입니다.
이 챕터에서 다루는 표현들을 익히면,
회사 업무뿐 아니라 친구, 가족과의 갈등 상황에서도
자신의 생각을 분명하게 전달할 수 있게 됩니다.

Can Do!

일상생활 속에 생기는 여러 문제와 갈등 등을
해결하는 과정에서 필요한
구동사를 배우고 표현할 수 있어요.

Learning English Phrasal Verbs Through Comics - Level Up Edition

답이 뭘까...

전체 듣기

CHAPTER 07

038 문제와 갈등 해결하기

find out
새롭게 알게 되다, 밝혀내다

I just **found out** the truth.

방금 진실을 알게 됐어.

📖 Let's Read! 구동사의 원리를 파악해 보세요!

Find는 '찾다', out은 '밖으로'라는 공간적인 느낌을 줘요. 이 조합은 감춰져 있던 정보나 진실을 바깥으로 꺼내는 듯한 이미지를 만들어 냅니다. 따라서 find out은 '새롭게 알게 되다', '밝혀내다'라는 뜻이 돼요.

🎙️ Let's Speak! 주어진 표현을 반복해서 말해 보세요!

find out
새롭게 알게 되다, 밝혀내다

I just found out the truth.
방금 진실을 알게 됐어.

✏️ Let's Write! 다음 우리말을 보고 작문해 보세요!

방금 진실을 알게 됐어.

1.
2.
3.

039 문제와 갈등 해결하기

figure out
해결하다, 알아내다, 풀어내다

I haven't figured out the answer yet.

나는 아직 답을 못 찾았어.

📖 Let's Read! 구동사의 원리를 파악해 보세요!

Figure는 원래 '모양', '형태'를 뜻하지만, 동사로는 '이해하다', '계산하다'라는 의미도 있어요. Out은 '밖으로'이므로, 안에 있는 복잡한 내용을 바깥으로 끄집어내 명확히 이해하는 뉘앙스가 됩니다. 즉, figure out은 '해결하다', '알아내다', '풀어내다'로 해석돼요.

🎙️ Let's Speak! 주어진 표현을 반복해서 말해 보세요!

Check repeat! ☐☐☐☐☐

figure out
해결하다, 알아내다, 풀어내다

Check repeat! ☐☐☐☐☐

I haven't figured out the answer yet.
나는 아직 답을 못 찾았어.

✏️ Let's Write! 다음 우리말을 보고 작문해 보세요!

나는 아직 답을 못 찾았어.

① _____

② _____

③ _____

CHAPTER 07 문제와 갈등 해결하기

040 문제와 갈등 해결하기

clear up
(오해, 문제 등을) 말끔히 해결하다, 맑아지다

I hope this explanation clears up any confusion.

이 설명으로 오해가 말끔히 해결되길 바라요.

📖 Let's Read! 구동사의 원리를 파악해 보세요!

Clear는 '깨끗하게 하다', up은 '완전히, 위로 정리되는'과 같은 뉘앙스를 가져요. 두 단어를 조합하면 흐릿하거나 복잡했던 상황이 점점 명확하게 정돈되는 이미지가 생긴답니다. 그래서 오해를 풀거나 날씨가 개는 상황을 나타내고자 할 때 '해결되다', '맑아지다'의 의미로 사용할 수 있어요.

🎤 Let's Speak! 주어진 표현을 반복해서 말해 보세요!

✓ Check repeat! ☐☐☐☐☐

clear up
(오해, 문제 등을) 말끔히 해결하다, 맑아지다

✓ Check repeat! ☐☐☐☐☐

I hope this explanation clears up any confusion.
이 설명으로 오해가 말끔히 해결되길 바라요.

✏️ Let's Write! 다음 우리말을 보고 작문해 보세요!

이 설명으로 오해가 말끔히 해결되길 바라요.

① _____

② _____

③ _____

041 문제와 갈등 해결하기

deal with
~을 다루다, 대처하다, 처리하다

I'm not sure how to deal with this situation.

저는 이 상황을 어떻게 대처해야 할지 모르겠어요.

📖 Let's Read! 구동사의 원리를 파악해 보세요!

Deal은 '처리하다', with는 '~와 함께'라는 뜻이에요. Deal with에는 문제나 상황과 직접 마주해서 대응하는 듯한 느낌이 담겨 있어요. 그래서 현지에서는 '~을 다루다', '대처하다', '처리하다'라는 뜻으로 사용하며, 문제나 상황 등을 적절히 해결하거나 처리하는 능동적인 태도를 나타내요.

🎤 Let's Speak! 주어진 표현을 반복해서 말해 보세요!

Check repeat!

deal with
~을 다루다, 대처하다, 처리하다

Check repeat!

I'm not sure how to deal with this situation.
저는 이 상황을 어떻게 대처해야 할지 모르겠어요.

✏️ Let's Write! 다음 우리말을 보고 작문해 보세요!

저는 이 상황을 어떻게 대처해야 할지 모르겠어요.

① _____

② _____

③ _____

042 문제와 갈등 해결하기

CHAPTER 07 만화로 배우는 영어 구동사 Level Up!

cut off
끊다, 차단하다

The electricity was cut off.

전기가 끊겼어.

Let's Read! 구동사의 원리를 파악해 보세요!

Cut은 '자르다', off는 '분리하다', '떼어내다'라는 뉘앙스를 가져요. 두 단어를 함께 쓰면 무언가의 연결을 딱 끊어내는 상황에 잘 어울립니다. 예를 들어, 전기를 끊거나 대화를 중단할 때처럼 '차단하다', '끊다'라는 의미로 활용할 수 있어요.

Let's Speak! 주어진 표현을 반복해서 말해 보세요!

cut off
끊다, 차단하다

The electricity was cut off.
전기가 끊겼어.

Let's Write! 다음 우리말을 보고 작문해 보세요!

전기가 끊겼어.

① _____

② _____

③ _____

CHAPTER 07 문제와 갈등 해결하기

CHAPTER 07   만화로 배우는 영어 구동사 Level Up!

043 문제와 갈등 해결하기

fall apart
(물건, 구조물, 감정 등이) 무너지다

If she leaves, this whole thing falls apart.

그녀가 떠나면 모든 게 무너지고 말거야.

📖 Let's Read! 구동사의 원리를 파악해 보세요!

Fall은 '떨어지다', apart는 '따로따로 떨어져 나가는', '분리되는'의 느낌이 강한 표현이에요. 이 두 단어가 합쳐지면 원래 한 덩어리였던 물건이나 구조물이 조각조각 흩어지면서 완전히 무너지는 장면이 연상됩니다. 그래서 fall apart는 '부서지다', '무너지다' 또는 비유적으로 감정이나 관계가 '흐트러지다', '무너지다'라는 의미로 폭넓게 사용돼요.

🎙️ Let's Speak! 주어진 표현을 반복해서 말해 보세요!

fall apart
(물건, 구조물, 감정 등이) 무너지다

If she leaves, this whole thing falls apart.
그녀가 떠나면 모든 게 무너지고 말거야.

✏️ Let's Write! 다음 우리말을 보고 작문해 보세요!

그녀가 떠나면 모든 게 무너지고 말거야.

❶ _____

❷ _____

❸ _____

044 문제와 갈등 해결하기

mess up
망치다, 엉망으로 만들다, 실수하다

I messed up big time.

제가 완전 망쳤어요.

📖 Let's Read! 구동사의 원리를 파악해 보세요!

Mess는 '엉망으로 만들다', up은 '완전히'라는 뉘앙스를 더해요. 일이나 상황을 제대로 처리하지 못해 뒤죽박죽 만들어 버린 상황을 나타내며, 원어민들은 mess up을 '망치다', '실수하다'라는 뜻으로 사용한답니다. 작은 실수에서부터 돌이킬 수 없는 큰 문제까지 폭넓게 활용할 수 있는 표현이에요.

🎙️ Let's Speak! 주어진 표현을 반복해서 말해 보세요!

Check repeat! ☐☐☐☐☐

mess up
망치다, 엉망으로 만들다, 실수하다

Check repeat! ☐☐☐☐☐

I messed up big time.
제가 완전 망쳤어요.

✏️ Let's Write! 다음 우리말을 보고 작문해 보세요!

제가 완전 망쳤어요.

1 _____

2 _____

3 _____

045 문제와 갈등 해결하기

give up
포기하다

Don't give up!

포기하지 마!

📖 Let's Read! 구동사의 원리를 파악해 보세요!

Give는 '주다', up은 '완전히, 전부'와 같은 의미를 가지고 있죠. 그래서 가지고 있는 것을 전부 다 주는 이미지를 떠올려 보면, give up의 '포기하다'라는 뜻을 유추해 볼 수 있답니다. 노력하던 일이나 꿈, 혹은 습관 등을 내려놓을 때 자주 쓰이며, 감정적으로는 체념에 가까운 상황에서도 사용돼요.

🎙️ Let's Speak! 주어진 표현을 반복해서 말해 보세요!

✓ Check repeat!
☐☐☐☐☐ **give up**
포기하다

✓ Check repeat!
☐☐☐☐☐ **Don't give up!**
포기하지 마!

✏️ Let's Write! 다음 우리말을 보고 작문해 보세요!

포기하지 마!

❶ _____

❷ _____

❸ _____

046 문제와 갈등 해결하기

move on
극복하고 나아가다

It's time to move on and forget about her.

이제 그녀를 잊고 앞으로 나아가야 할 때야.

📖 Let's Read! 구동사의 원리를 파악해 보세요!

Move는 '움직이다', on은 '계속해서 앞으로'라는 의미예요. Move on은 현재 상태에서 벗어나 다음 단계나 장소로 나아가는 동작으로, '진행하다', '마음 정리하고 나아가다'라는 뜻이 됩니다. 특히 좋지 않은 경험이나 관계에서 벗어나 새로운 출발을 하는 상황에서 자주 쓰여요.

🎙️ Let's Speak! 주어진 표현을 반복해서 말해 보세요!

move on
극복하고 나아가다

It's time to move on and forget about her.
이제 그녀를 잊고 앞으로 나아가야 할 때야.

✏️ Let's Write! 다음 우리말을 보고 작문해 보세요!

이제 그녀를 잊고 앞으로 나아가야 할 때야.

① _____

② _____

③ _____

CHAPTER 07 문제와 갈등 해결하기

047 문제와 갈등 해결하기

get through
어려움을 극복하다, (법안 등이) 통과되다

Let's hope the proposed bill gets through.

제안된 법안이 통과되기를 바라요.

📖 Let's Read! 구동사의 원리를 파악해 보세요!

Get은 '도달하다', through는 '~을 통과하여'라는 뜻입니다. 이 두 단어가 결합된 get through는 터널이나 장애물을 지나 목적지에 닿는 느낌으로, '(시험, 고난 등을) 이겨 내다' 혹은 '(법안 등이) 통과되다'로 폭넓게 쓰입니다.

🎙️ Let's Speak! 주어진 표현을 반복해서 말해 보세요!

Check repeat! ☐☐☐☐☐

get through
어려움을 극복하다, (법안 등이) 통과되다

Check repeat! ☐☐☐☐☐

Let's hope the proposed bill gets through.
제안된 법안이 통과되기를 바라요.

✏️ Let's Write! 다음 우리말을 보고 작문해 보세요!

제안된 법안이 통과되기를 바라요.

❶

❷

❸

 만화로 배우는 영어 구동사

CHAPTER 08

이동하고 장소 옮기기

일상 속 이동, 방문, 이사, 교통 상황을 표현하는 구동사를 통해 장소 변화와 관련된 표현을 더 풍부하게 익힐 수 있습니다.
'drop', 'move', 'pull' 같은 동사들이 왜 장소나 이동과 관련된 의미로 확장되는 걸까요?

'drop by'는 누군가의 집이나 사무실에 잠시 들를 때, 'pack up'은 여행이나 이사 짐을 쌀 때 유용하게 쓰이는 것처럼 이동이나 위치 변경이 포함된 상황을 자연스럽게 묘사하고 싶을 때 이 챕터의 표현들이 큰 도움이 됩니다.

Can Do!
일상생활 속에 생기는 여러 이동, 변화 등을 구동사로 설명할 수 있어요.

Learning English Phrasal Verbs Through Comics - Level Up Edition

CHAPTER 08
전체 듣기

048 이동하고 장소 옮기기

drop by
잠깐 들르다, 지나가다

He's going to drop by the grocery store on his way home.

그는 집에 가는 길에 잠깐 식료품점에 들르려고 해요.

📖 Let's Read! 구동사의 원리를 파악해 보세요!

Drop은 '툭 떨어지다', by는 '~옆에'라는 의미예요. 어딘가를 툭 하고 들렀다가 금방 나오는 모습을 연상해 보세요. 원어민들은 drop by를 자연스럽게 '잠깐 들르다', '지나가다'라는 의미로 사 용한답니다. 원어민 친구와 길을 걷다가 맛집을 발견했을 때, "Let's drop by there! (우리 저기 들렀다 가자!)"이라고 제안해 보세요.

🎤 Let's Speak! 주어진 표현을 반복해서 말해 보세요!

Check repeat! ☐☐☐☐☐

drop by
잠깐 들르다, 지나가다

Check repeat! ☐☐☐☐☐

He's going to drop by the grocery store on his way home.
그는 집에 가는 길에 잠깐 식료품점에 들르려고 해요.

✏️ Let's Write! 다음 우리말을 보고 작문해 보세요!

그는 집에 가는 길에 잠깐 식료품점에 들르려고 해요.

❶ _____

❷ _____

❸ _____

049 이동하고 장소 옮기기

drop off
(사람, 물건 등을) 내려주다, 맡기다

Can you drop me off at school tomorrow?

저 내일 학교에 내려줄 수 있어요?

📖 Let's Read! 구동사의 원리를 파악해 보세요!

Drop은 '떨어뜨리다', off는 '분리하다'라는 느낌이에요. 사람이나 물건을 목적지에 데려다 놓고 떠나는 이미지를 상상해 보세요. 그럼 drop off를 '하차시키다', '내려주다', '맡기다'라는 뜻으로 확장해 볼 수 있답니다.

🎙️ Let's Speak! 주어진 표현을 반복해서 말해 보세요!

drop off
(사람, 물건 등을) 내려주다, 맡기다

Can you drop me off at school tomorrow?
저 내일 학교에 내려줄 수 있어요?

✏️ Let's Write! 다음 우리말을 보고 작문해 보세요!

저 내일 학교에 내려줄 수 있어요?

❶ _____

❷ _____

❸ _____

050 이동하고 장소 옮기기

move in
이사 들어가다, 입주하다

We can move in on October 5th.
우리는 10월 5일에 이사 들어갈 수 있어요.

📖 Let's Read! 구동사의 원리를 파악해 보세요!

Move는 '이동하다', in은 '안으로'의 의미를 가져요. Move in은 새로운 집이나 공간 안으로 들어가는 물리적인 이동을 표현하며, '이사 들어가다', '입주하다'라는 뜻으로 쓰입니다. 새로운 환경이나 집에서의 시작을 의미할 때 적합한 표현이에요.

🔊 Let's Speak! 주어진 표현을 반복해서 말해 보세요!

✓ Check repeat!

move in
이사 들어가다, 입주하다

✓ Check repeat!

We can move in on October 5th.
우리는 10월 5일에 이사 들어갈 수 있어요.

✏️ Let's Write! 다음 우리말을 보고 작문해 보세요!

우리는 10월 5일에 이사 들어갈 수 있어요.

❶ _____

❷ _____

❸ _____

051 이동하고 장소 옮기기

move to
이사하다, 이동하다

I'm planning on moving to another city next year.

저는 내년에 다른 도시로 이사할 계획이에요.

📖 Let's Read! 구동사의 원리를 파악해 보세요!

Move는 '이동하다', to는 '~로 향하다'와 같이 방향을 나타내요. Move to는 한 장소에서 다른 장소로 거처나 삶의 터전을 옮기는 상황에서 '~로 이사하다', '옮기다'라는 의미로 쓰입니다. 새로운 도시나 국가로 이사하거나 직장을 바꿀 때 활용해 보세요.

🎙️ Let's Speak! 주어진 표현을 반복해서 말해 보세요!

move to
이사하다, 이동하다

I'm planning on moving to another city next year.
저는 내년에 다른 도시로 이사할 계획이에요.

✏️ Let's Write! 다음 우리말을 보고 작문해 보세요!

저는 내년에 다른 도시로 이사할 계획이에요.

❶ _____

❷ _____

❸ _____

CHAPTER 08 이동하고 장소 옮기기 **129**

052 이동하고 장소 옮기기

pull over
차를 잠깐 세우다, 갓길에 정차하다

The police made her pull over since she was speeding.

경찰은 그녀가 과속을 했다고 차를 잠깐 세우게 했어요.

📖 Let's Read! 구동사의 원리를 파악해 보세요!

Pull은 '당기다', over는 '한쪽으로'라는 의미를 가지고 있어요. Pull over는 도로 주행 중 차를 도로 가장자리로 옮기며 멈추는 상황을 나타내는데, 정리하자면 '차를 세우다', '갓길에 정차하다'라는 의미가 돼요. 참고로 이 표현은 말을 타던 시절, 말을 멈추고 길가로 옮겨 세우던 장면에서 유래했답니다. 고삐를 당겨(pull) 길 가장자리로(over) 말 머리를 돌려 멈췄던 모습에서 나온 표현이에요.

🎙️ Let's Speak! 주어진 표현을 반복해서 말해 보세요!

pull over
차를 잠깐 세우다, 갓길에 정차하다

The police made her pull over since she was speeding.
경찰은 그녀가 과속을 했다고 차를 잠깐 세우게 했어요.

✏️ Let's Write! 다음 우리말을 보고 작문해 보세요!

경찰은 그녀가 과속을 했다고 차를 잠깐 세우게 했어요.

❶

❷

❸

053 이동하고 장소 옮기기

run over
차로 치다, 깔고 지나가다

The drunk driver ran over a dog.
음주 운전자가 개를 차로 쳤어요.

📖 Let's Read! 구동사의 원리를 파악해 보세요!

Run은 '달리다', over는 '넘어가다'라는 의미가 있어요. 두 단어가 합쳐지면 차량이 무언가를 덮치듯 지나치는 뉘앙스가 생기는데, 즉 '차로 치다', '깔고 지나가다'라는 뜻이 돼요. 사고 상황을 묘사할 때 주로 사용됩니다.

🎙️ Let's Speak! 주어진 표현을 반복해서 말해 보세요!

Check repeat! ☐☐☐☐☐

run over
차로 치다, 깔고 지나가다

Check repeat! ☐☐☐☐☐

The drunk driver ran over a dog.
음주 운전자가 개를 차로 쳤어요.

✏️ Let's Write! 다음 우리말을 보고 작문해 보세요!

음주 운전자가 개를 차로 쳤어요.

❶ _____

❷ _____

❸ _____

054 이동하고 장소 옮기기

pack up
짐을 싸다

She's busy packing up because she's moving tomorrow.

그녀는 내일 이사로 짐 싸느라 바빠요.

📖 Let's Read! 구동사의 원리를 파악해 보세요!

Pack은 '싸다', up은 '완전히 정리해서 마무리하다'라는 느낌이에요. 여행이나 이사를 위해 짐을 모두 싸거나 무언가를 마무리 정리할 때, pack up은 '짐을 싸다', '정리하다' 라는 뜻으로 활용할 수 있어요.

🎙️ Let's Speak! 주어진 표현을 반복해서 말해 보세요!

Check repeat!

pack up
짐을 싸다

Check repeat!

She's busy packing up because she's moving tomorrow.
그녀는 내일 이사로 짐 싸느라 바빠요.

✏️ Let's Write! 다음 우리말을 보고 작문해 보세요!

그녀는 내일 이사로 짐 싸느라 바빠요.

① _____

② _____

③ _____

 만화로 배우는 영어 구동사

CHAPTER 09

연애와 인간관계

사람과의 관계는 감정이 얽혀 있기 때문에
그 감정을 자연스럽게 전달할 수 있는 구동사를
익히는 것이 매우 중요합니다.

연락하고, 어울리고, 실망하고, 기대하는 등
인간관계에서 자주 쓰이는 구동사들을 배울 수 있으며
'count', 'let', 'fit' 같은 동사들이
인간관계에서 어떤 감정의 역할을 맡게 되는지
들여다 보면 더 흥미롭습니다.

사람 사이의 거리감과 친밀도를 영어로
표현하고 싶은 분께 유익한 챕터입니다.

Can Do!
연애, 주변 사람들과의 관계에서 생길 수 있는
일들을 구동사로 표현할 수 있어요.

Learning English Phrasal Verbs Through Comics - Level Up Edition

CHAPTER 09
전체 듣기

055 연애와 인간관계

go out
사귀다, 외출하다

They've been going out for 5 years.

걔들은 5년째 사귀는 중이야.

📖 Let's Read! 구동사의 원리를 파악해 보세요!

Go는 '가다', out은 '밖으로'라는 의미를 가졌어요. Go out은 물리적으로 외출하는 것뿐 아니라, 이성과 함께 나가서 시간을 보내는 상황에도 쓰이며, '외출하다', '연애하다'라는 뜻으로 활용돼요. 즉, 일상적인 외출에서 시작해 특별한 사람과 데이트하는 상황까지 확장해서 쓸 수 있는 표현이랍니다.

🎙️ Let's Speak! 주어진 표현을 반복해서 말해 보세요!

Check repeat! ☐☐☐☐☐

go out

사귀다, 외출하다

Check repeat! ☐☐☐☐☐

They've been going out for 5 years.

걔들은 5년째 사귀는 중이야.

✏️ Let's Write! 다음 우리말을 보고 작문해 보세요!

> 걔들은 5년째 사귀는 중이야.

① _____

② _____

③ _____

CHAPTER 09 연애와 인간관계

056 연애와 인간관계

set up with
소개팅시켜 주다

Maybe I can set you up with one of my friends.

내 친구들 중 한 명이랑 소개팅시켜 줄 수 있어.

📖 Let's Read! 구동사의 원리를 파악해 보세요!

Set up은 '설정하다', with는 '~와 함께'예요. 두 사람을 서로 연결되게 세팅하는 모습에서 set up with는 '누군가를 소개팅시켜 주다'라는 의미로 사용할 수 있어요. 친구들이나 지인 간의 연애 관계를 만들어 줄 때 활용해 보세요.

🎙️ Let's Speak! 주어진 표현을 반복해서 말해 보세요!

Check repeat! ☐☐☐☐☐

set up with
소개팅시켜 주다

Check repeat! ☐☐☐☐☐

Maybe I can set you up with one of my friends.
내 친구들 중 한 명이랑 소개팅시켜 줄 수 있어.

✏️ Let's Write! 다음 우리말을 보고 작문해 보세요!

내 친구들 중 한 명이랑 소개팅시켜 줄 수 있어.

❶ _____

❷ _____

❸ _____

057 연애와 인간관계

keep in touch
연락을 유지하다

I haven't kept in touch with my old classmates.

나는 예전 반 친구들과 연락을 안 하고 있어.

📖 Let's Read! 구동사의 원리를 파악해 보세요!

Keep은 '유지하다', in touch는 '접촉하고 있는 상태'를 뜻해요. 그래서 keep in touch는 물리적으로 떨어져 있어도 소식을 주고받으며 관계를 유지하는 모습을 떠올리게 해요. 다시 말해 '연락을 유지하다', '계속 소식을 주고받다'라는 뜻으로 사용합니다.

🎙️ Let's Speak! 주어진 표현을 반복해서 말해 보세요!

keep in touch
연락을 유지하다

I haven't kept in touch with my old classmates.
나는 예전 반 친구들과 연락을 안 하고 있어.

✏️ Let's Write! 다음 우리말을 보고 작문해 보세요!

나는 예전 반 친구들과 연락을 안 하고 있어.

❶ _____

❷ _____

❸ _____

058 연애와 인간관계

count on
~을 믿다, 의지하다

You can always count on me.

항상 나에게 의지해도 돼.

📖 Let's Read! 구동사의 원리를 파악해 보세요!

Count는 '세다'라는 뜻이지만, 여기서는 '신뢰하다', '기대다'의 의미로 쓰이고, on은 '~에 의지하다'와 같은 뉘앙스를 전달해요. Count on은 누군가를 믿고 무언가를 기대는 마음을 나타내는데, 즉 '~을 믿다', '의지하다'라는 의미로 사용할 수 있어요. "너만 믿을게!" 할 때 딱 맞는 표현이죠.

🎙️ Let's Speak! 주어진 표현을 반복해서 말해 보세요!

Check repeat! ☐☐☐☐☐

count on
~을 믿다, 의지하다

Check repeat! ☐☐☐☐☐

You can always count on me.
항상 나에게 의지해도 돼.

✏️ Let's Write! 다음 우리말을 보고 작문해 보세요!

항상 나에게 의지해도 돼.

① _____

② _____

③ _____

CHAPTER 09
059 연애와 인간관계

let down
실망시키다, 기대를 저버리다

I promise (that) I won't let you down.
실망시키지 않겠다고 약속할게요.

📖 Let's Read! 구동사의 원리를 파악해 보세요!

Let은 '하게 하다', down은 '아래로'예요. 두 단어가 만나면서 기대를 아래로 떨어뜨리는 뉘앙스가 추가되었는데, 원어민들은 let down을 '실망시키다', '기대를 저버리다'라는 의미로 사용한답니다. 믿고 의지했던 누군가가 기대에 못 미쳤을 때 이 표현이 딱 어울려요.

🎙️ Let's Speak! 주어진 표현을 반복해서 말해 보세요!

Check repeat!

let down
실망시키다, 기대를 저버리다

Check repeat!

I promise (that) I won't let you down.
실망시키지 않겠다고 약속할게요.

✏️ Let's Write! 다음 우리말을 보고 작문해 보세요!

실망시키지 않겠다고 약속할게요.

❶

❷

❸

060 연애와 인간관계

fit in
딱 맞다, 적응하다

It's hard to fit in in a new place right away.

새로운 장소에 바로 적응하기란 쉽지 않아요.

📖 Let's Read! 구동사의 원리를 파악해 보세요!

Fit은 '잘 맞다', in은 '안에'라는 뜻이에요. Fit in은 주어진 공간이나 집단 속에 조화롭게 들어가는 느낌으로, 물리적으로든 사회적으로든 '잘 어울리다', '적응하다'라는 의미가 된답니다. 새로운 환경이나 그룹에 처음 들어갔을 때 자신이 어울리는지 아닌지를 표현할 때 활용할 수 있어요.

🎙️ Let's Speak! 주어진 표현을 반복해서 말해 보세요!

✔ Check repeat! ☐☐☐☐☐
fit in
딱 맞다, 적응하다

✔ Check repeat! ☐☐☐☐☐
It's hard to fit in in a new place right away.
새로운 장소에 바로 적응하기란 쉽지 않아요.

✏️ Let's Write! 다음 우리말을 보고 작문해 보세요!

새로운 장소에 바로 적응하기란 쉽지 않아요.

① _____

② _____

③ _____

061 연애와 인간관계

hang up
전화를 끊다

You hang up first.

네가 먼저 전화 끊어.

📖 Let's Read! 구동사의 원리를 파악해 보세요!

Hang은 '걸다', up은 '위쪽으로'라는 의미예요. 옛 전화의 수화기 부분을 제자리에 걸어 놓는 동작에서 유래했으며, hang up은 '전화를 끊다'라는 뜻으로 사용해요. 요즘은 전화 버튼을 누르며 전화를 끊지만, 이 표현은 아직도 관용적으로 널리 쓰이고 있습니다.

🔊 Let's Speak! 주어진 표현을 반복해서 말해 보세요!

hang up
전화를 끊다

You hang up first.
네가 먼저 전화 끊어.

✏️ Let's Write! 다음 우리말을 보고 작문해 보세요!

네가 먼저 전화 끊어.

❶

❷

❸

062 연애와 인간관계

relate to
공감하다, 이해하다

I can totally relate to how you feel.

네가 어떤 기분인지 완전 공감해.

📖 Let's Read! 구동사의 원리를 파악해 보세요!

Relate는 '관련되다', to는 '~에게'를 나타내요. Relate to는 상대의 감정이나 상황에 공감하거나 연결되는 뉘앙스로, 원어민들은 '공감하다', '이해하다'라는 의미로 활용해요. 상대방의 말을 듣고 비슷한 경험을 떠올리며 공감할 때 잘 어울리는 표현이랍니다.

🎙 Let's Speak! 주어진 표현을 반복해서 말해 보세요!

relate to
공감하다, 이해하다

I can totally relate to how you feel.
네가 어떤 기분인지 완전 공감해.

✏ Let's Write! 다음 우리말을 보고 작문해 보세요!

네가 어떤 기분인지 완전 공감해.

①

②

③

만화로 배우는 영어 구동사

CHAPTER 10

소비와 생활 관리

돈을 모으고, 쓰고, 절약하고, 정리하는 등의
생활 속 소비 패턴을 영어로 말할 수 있도록 도와주는
실용적인 구동사들을 다룹니다.

'cut', 'throw', 'save' 같은 단어들이 절약과 소비의 균형을
어떻게 말해 주는지 궁금하지 않으신가요?

생활비를 줄이거나, 계획적인 소비 습관을 갖고 싶을 때
이 챕터의 구동사들을 활용해 보세요.

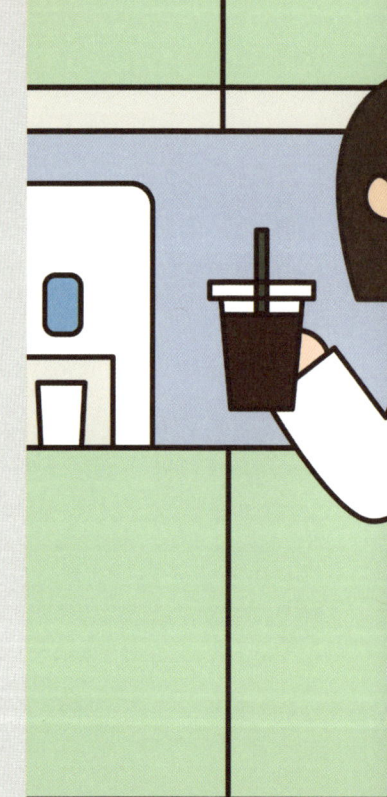

Can Do!
나의 소비 패턴, 생활 습관 및 관리에 대해
구동사로 설명할 수 있어요.

Learning English Phrasal Verbs Through Comics - Level Up Edition

CHAPTER 10
전체 듣기

063 소비와 생활 관리

save up
(목적을 위해) 저축하다, 모으다

I'm saving up for a new car.

전 새 차를 사려고 저축 중이에요.

📖 Let's Read! 구동사의 원리를 파악해 보세요!

Save는 '저축하다', up은 '위로 차곡차곡 쌓다'라는 의미예요. Save up은 돈이나 자원을 조금씩 모아서 어느 정도 양을 축적하는 듯한 뉘앙스가 있는데, 즉 '저축하다', '모으다'라는 뜻으로 사용해요. 미래의 목표나 갖고 싶은 물건을 사기 위해 꾸준히 돈을 모으고 있는 것을 표현하는 데 적합하답니다.

🎙️ Let's Speak! 주어진 표현을 반복해서 말해 보세요!

Check repeat! ☐☐☐☐☐

save up
(목적을 위해) 저축하다, 모으다

Check repeat! ☐☐☐☐☐

I'm saving up for a new car.
전 새 차를 사려고 저축 중이에요.

✏️ Let's Write! 다음 우리말을 보고 작문해 보세요!

전 새 차를 사려고 저축 중이에요.

① _____

② _____

③ _____

064 소비와 생활 관리

pay back
돈을 갚다, 은혜에 보답하다

He promised to pay me back as soon as he can.

그는 최대한 빨리 돈을 갚겠다고 약속했어요.

📖 Let's Read! 구동사의 원리를 파악해 보세요!

Pay는 '지불하다', back은 '되돌려 주는'의 뉘앙스가 있어요. 두 단어가 만나서 돈이나 은혜를 다시 돌려 준다는 의미가 추가되었는데, 즉 '갚다', '보답하다'라는 뜻이 돼요. 금전적 채무를 해결하거나 도움에 대한 보답의 의미로 사용한답니다.

🎙️ Let's Speak! 주어진 표현을 반복해서 말해 보세요!

pay back
돈을 갚다, 은혜에 보답하다

He promised to pay me back as soon as he can.
그는 최대한 빨리 돈을 갚겠다고 약속했어요.

✏️ Let's Write! 다음 우리말을 보고 작문해 보세요!

그는 최대한 빨리 돈을 갚겠다고 약속했어요.

① _____

② _____

③ _____

065 소비와 생활 관리

cut back
(지출, 활동 등을) 축소하다, 삭감하다

We're trying to cut back on unnecessary expenses.
우리는 불필요한 지출을 삭감하려고 노력 중이에요.

📖 Let's Read! 구동사의 원리를 파악해 보세요!

Cut은 '자르다', back은 '뒤로'라는 방향을 나타내요. 무언가를 줄여서 원래보다 덜 쓰게 하거나 이전 상태로 돌리는 느낌을 주는데, 즉 cut back은 '지출이나 활동 등을 줄이다', '삭감하다'라는 의미로 활용할 수 있어요. 경제 위기, 예산 삭감, 다이어트 등 상황이 안 좋아 줄이는 상황에서 자주 사용한답니다.

🎙️ Let's Speak! 주어진 표현을 반복해서 말해 보세요!

Check repeat! ☐☐☐☐☐

cut back
(지출, 활동 등을) 축소하다, 삭감하다

Check repeat! ☐☐☐☐☐

We're trying to cut back on unnecessary expenses.
우리는 불필요한 지출을 삭감하려고 노력 중이에요.

✏️ Let's Write! 다음 우리말을 보고 작문해 보세요!

우리는 불필요한 지출을 삭감하려고 노력 중이에요.

❶

❷

❸

066 소비와 생활 관리

cut down on
~을 줄이다

Peter decided to cut down on junk food.

피터는 정크푸드를 줄이기로 결심했어요.

📖 Let's Read! 구동사의 원리를 파악해 보세요!

Cut은 '자르다', down은 '낮추다', on은 '~에 대해'예요. 특정한 대상이나 습관을 자르면서 점점 줄여나가는 동작을 표현할 때, '~을 줄이다', '~을 줄이려고 노력하다'라는 의미로 cut down on을 씁니다. 건강을 위해 커피나 단 음식을 줄이는 상황에서 유용한 표현이에요. 긍정적인 변화를 위해 여러분들은 최근 어떤 것을 줄이고 있나요?

🎙️ Let's Speak! 주어진 표현을 반복해서 말해 보세요!

✓ Check repeat!
☐☐☐☐☐ **cut down on**
~을 줄이다

✓ Check repeat!
☐☐☐☐☐ **Peter decided to cut down on junk food.**
피터는 정크푸드를 줄이기로 결심했어요.

✏️ Let's Write! 다음 우리말을 보고 작문해 보세요!

피터는 정크푸드를 줄이기로 결심했어요.

❶ _____

❷ _____

❸ _____

067 소비와 생활 관리

cut out
손절하다, 제거하다

She totally cut him out of her life.

그녀는 그를 완전히 손절했어요.

📖 Let's Read! 구동사의 원리를 파악해 보세요!

Cut은 '자르다', out은 '밖으로 제거하다'와 같은 느낌이에요. Cut out은 필요 없는 부분을 잘라내거나 관계, 습관 등을 끊어낸다는 뉘앙스로, '제거하다', '그만두다', '손절하다'라는 의미로 확장된답니다.

🎙️ Let's Speak! 주어진 표현을 반복해서 말해 보세요!

Check repeat!
☐☐☐☐☐ **cut out**
손절하다, 제거하다

Check repeat!
☐☐☐☐☐ **She totally cut him out of her life.**
그녀는 그를 완전히 손절했어요.

✏️ Let's Write! 다음 우리말을 보고 작문해 보세요!

그녀는 그를 완전히 손절했어요.

① _____

② _____

③ _____

068 소비와 생활 관리

throw away
버리다, 처분하다

Don't throw away the receipt.

영수증을 버리지 마.

📖 Let's Read! 구동사의 원리를 파악해 보세요!

Throw는 '던지다'와 같이 동작을, away는 '멀리 떨어뜨리다'처럼 방향을 나타내요. 이 두 표현이 만나면 손에 쥐고 있던 걸 멀리 던져버리는 이미지가 떠오릅니다. 그래서 throw away는 물건을 '버리다', 더는 필요 없는 것을 '처분하다'라는 의미로 쓰여요. 추가로 "Don't throw away that chance!(그 기회 날리지 마!)"와 같이 기회, 시간 등을 헛되이 한다는 뜻으로 쓰기도 해요.

🎙️ Let's Speak! 주어진 표현을 반복해서 말해 보세요!

✓ Check repeat!
☐☐☐☐☐ **throw away**
버리다, 처분하다

✓ Check repeat!
☐☐☐☐☐ **Don't throw away the receipt.**
영수증을 버리지 마.

✏️ Let's Write! 다음 우리말을 보고 작문해 보세요!

영수증을 버리지 마.

❶ _____

❷ _____

❸ _____

069 소비와 생활 관리

do without
~없이 지내다, 참고 버티다

I'm trying to do without coffee these days.

요즘은 커피 없이 지내려고 노력 중이에요.

📖 Let's Read! 구동사의 원리를 파악해 보세요!

Do는 '하다', without은 '~없이'라는 의미예요. Do without은 무언가 없이도 어떻게든 해내는 듯한 뉘앙스인데, 다시 말해 '~없이 지내다', '참고 버티다'라는 뜻이 된답니다. 습관처럼 하던 걸 끊었을 때 활용해 보세요.

🎙️ Let's Speak! 주어진 표현을 반복해서 말해 보세요!

Check repeat!
☐☐☐☐☐

do without
~없이 지내다, 참고 버티다

Check repeat!
☐☐☐☐☐

I'm trying to do without coffee these days.
요즘은 커피 없이 지내려고 노력 중이에요.

✏️ Let's Write! 다음 우리말을 보고 작문해 보세요!

요즘은 커피 없이 지내려고 노력 중이에요.

❶ _____

❷ _____

❸ _____

CHAPTER 10 소비와 생활 관리 **169**

 만화로 배우는 영어 구동사

CHAPTER 11

일하고 공부하기

공부하고, 과제를 제출하고, 정리하는 등
학업과 직장 생활에서 자주 쓰이는 구동사를 통해
실무 영어 실력을 다질 수 있습니다.

'jot', 'hand', 'keep'과 같은 동사들이
과제, 기록, 성과와 어떤 방식으로 연결되는지 확인해 보세요.

더욱 실용적이고 정확한 업무 표현을 익히고 싶은 분들에게
꼭 필요한 내용입니다.

Can Do!
나의 일, 학업과 관련된 여러 상황을
구동사로 표현할 수 있어요.

070 일하고 공부하기

jot down
빨리 적다, 간단히 메모하다

Aubrey jotted down some notes during the meeting.

오브리는 회의 중에 몇 가지 메모를 빠르게 적었어요.

📖 Let's Read! 구동사의 원리를 파악해 보세요!

Jot은 '급히 적다', down은 '아래로'를 뜻해요. Jot down은 머릿속 생각이나 정보를 종이에 재빠르게 적는 듯한 이미지가 있는데, 다시 말해 '간단히 적어두다', '메모하다' 라는 의미로 사용할 수 있어요. 아이디어가 떠올랐을 때, 회의나 전화 통화 중 등 순간적으로 기록이 필요한 상황에서 유용하게 쓰인답니다.

🎙️ Let's Speak! 주어진 표현을 반복해서 말해 보세요!

Check repeat!

jot down
빨리 적다, 간단히 메모하다

Check repeat!

Aubrey jotted down some notes during the meeting.
오브리는 회의 중에 몇 가지 메모를 빠르게 적었어요.

✏️ Let's Write! 다음 우리말을 보고 작문해 보세요!

오브리는 회의 중에 몇 가지 메모를 빠르게 적었어요.

❶ _____

❷ _____

❸ _____

071 일하고 공부하기

hand in
(과제, 서류 등을) 제출하다

Please hand in the assignment by Friday.

금요일까지 과제를 제출해 주세요.

Let's Read! 구동사의 원리를 파악해 보세요!

Hand는 '손', in은 '안으로'라는 뜻이에요. 손으로 들고 안쪽, 즉 상대방에게 넘겨주는 동작을 나타내며, 특히 과제나 서류를 제출하는 상황에서 사용돼요. 주로 교실이나 사무실 등 업무적이고 공식적인 상황에서 자주 등장하는 표현으로, 직접 건네는 뉘앙스가 강합니다.

Let's Speak! 주어진 표현을 반복해서 말해 보세요!

hand in
(과제, 서류 등을) 제출하다

Please hand in the assignment by Friday.
금요일까지 과제를 제출해 주세요.

Let's Write! 다음 우리말을 보고 작문해 보세요!

금요일까지 과제를 제출해 주세요.

1.
2.
3.

072 일하고 공부하기

hand out
나눠주다, 배포하다

They're handing out flyers.
그들은 전단지를 나눠주고 있어요.

📖 Let's Read! 구동사의 원리를 파악해 보세요!

Hand는 '손', out은 '밖으로'라는 뜻이에요. Hand out은 손으로 무언가를 직접 건네주는 모습을 떠오르게 하며, 다수에게 '나눠주다', '배포하다'라는 뜻으로 자주 쓰인답니다. 특히 학교에서 자료를 배포하거나 길거리에서 전단지를 나누어 주는 상황에서 유용한 표현이에요.

🎙️ Let's Speak! 주어진 표현을 반복해서 말해 보세요!

✓ Check repeat!
☐☐☐☐☐   **hand out**
나눠주다, 배포하다

✓ Check repeat!
☐☐☐☐☐   **They're handing out flyers.**
그들은 전단지를 나눠주고 있어요.

✏️ Let's Write! 다음 우리말을 보고 작문해 보세요!

그들은 전단지를 나눠주고 있어요.

❶

❷

❸

CHAPTER 11 일하고 공부하기   **177**

073 일하고 공부하기

major in
~을 전공하다

She decided to major in biology.
그녀는 생물학을 전공하기로 결정했어요.

📖 Let's Read! 구동사의 원리를 파악해 보세요!

Major는 '전공하다', in은 '~안에서'를 뜻해요. 이 조합은 특정 학문 분야 안으로 깊이 들어가 그 내용을 집중적으로 공부하는 느낌을 줍니다. 그래서 major in은 '~을 전공하다'라는 의미로 쓰이며, 원어민들은 대학이나 전문 분야에서 자신이 주로 공부하는 주제를 명확히 표현할 때 자주 사용한답니다.

🎤 Let's Speak! 주어진 표현을 반복해서 말해 보세요!

major in
~을 전공하다

She decided to major in biology.
그녀는 생물학을 전공하기로 결정했어요.

✏️ Let's Write! 다음 우리말을 보고 작문해 보세요!

그녀는 생물학을 전공하기로 결정했어요.

①

②

③

CHAPTER 11 일하고 공부하기

074 일하고 공부하기

keep up
(행동을) 유지하다, 따라가다

It's hard to keep up with going to the gym every day.

매일 꾸준히 헬스장에 가는 것은 쉽지 않아.

Let's Read! 구동사의 원리를 파악해 보세요!

Keep은 '유지하다', up은 '높은 수준, 위쪽'을 의미해요. Keep up은 속도, 노력, 성적 등을 일정하게 유지하며 뒤처지지 않는 뉘앙스로, '유지하다', '따라가다'라는 뜻을 가져요. 주변 상황이나 경쟁에서 밀리지 않고 꾸준히 따라가는 모습을 연상시킵니다.

Let's Speak! 주어진 표현을 반복해서 말해 보세요!

keep up
(행동을) 유지하다, 따라가다

It's hard to keep up with going to the gym every day.
매일 꾸준히 헬스장에 가는 것은 쉽지 않아.

Let's Write! 다음 우리말을 보고 작문해 보세요!

매일 꾸준히 헬스장에 가는 것은 쉽지 않아.

1.
2.
3.

CHAPTER 11　만화로 배우는 영어 구동사 Level Up!

075 일하고 공부하기

fall behind
뒤처지다, 밀리다

She's falling behind in class.
그녀는 수업에서 뒤처지고 있어요.

📖 Let's Read! 구동사의 원리를 파악해 보세요!

Fall은 '떨어지다', behind는 '뒤에'라는 의미예요. 동사 fall 뒤에 전치사 behind가 오면 앞서 가는 흐름에서 떨어져 뒤로 밀리는 뉘앙스를 가지게 된답니다. 그래서 fall behind는 '뒤처지다', '밀리다'라는 뜻으로, 주로 학업이나 업무 혹은 일정 등을 따라가지 못해 생기는 부정적인 상황을 나타낼 때 자주 쓰여요.

🎙️ Let's Speak! 주어진 표현을 반복해서 말해 보세요!

fall behind
뒤처지다, 밀리다

She's falling behind in class.
그녀는 수업에서 뒤처지고 있어요.

✏️ Let's Write! 다음 우리말을 보고 작문해 보세요!

그녀는 수업에서 뒤처지고 있어요.

① _____

② _____

③ _____

076 일하고 공부하기

cross out
지우다, 삭제하다

You can cross out what you don't need.
필요 없는 건 지워도 돼.

📖 Let's Read! 구동사의 원리를 파악해 보세요!

Cross는 '가로지르다', out은 '없애다'라는 뉘앙스예요. 그래서 cross out은 글자나 목록 위에 선을 그어 없애는 동작을 나타내며, '지우다', '삭제하다'라는 뜻으로 사용돼요. 실수한 부분을 수정하거나 불필요한 항목을 제외할 때 매우 직관적으로 사용할 수 있는 표현이랍니다.

🎙️ Let's Speak! 주어진 표현을 반복해서 말해 보세요!

Check repeat!

cross out
지우다, 삭제하다

Check repeat!

You can cross out what you don't need.
필요 없는 건 지워도 돼.

✏️ Let's Write! 다음 우리말을 보고 작문해 보세요!

필요 없는 건 지워도 돼.

1.
2.
3.

CHAPTER 11 일하고 공부하기 **185**

077 일하고 공부하기

sum up
(정보, 의견 등을) 요약하다

Can you sum up the main points from the lecture?

강의의 요점을 요약해 줄 수 있어요?

📖 Let's Read! 구동사의 원리를 파악해 보세요!

Sum은 '합계', up은 '완전히'라는 의미예요. 두 단어가 만나면 핵심만 간추려 전체 내용을 요약하는 뉘앙스가 생겨나는데, 원어민들은 sum up을 '요약하다', '정리하다'라는 뜻으로 사용해요. 회의나 수업 후 중요한 내용을 간략히 정리할 때 자주 등장하는 표현입니다.

🎙️ Let's Speak! 주어진 표현을 반복해서 말해 보세요!

Check repeat!

sum up

(정보, 의견 등을) 요약하다

Check repeat!

Can you sum up the main points from the lecture?

강의의 요점을 요약해 줄 수 있어요?

✏️ Let's Write! 다음 우리말을 보고 작문해 보세요!

강의의 요점을 요약해 줄 수 있어요?

❶

❷

❸

078 일하고 공부하기

come up with
생각해 내다, 아이디어를 내다

We can't come up with any good ideas.
좋은 아이디어가 생각나지 않아.

📖 Let's Read! 구동사의 원리를 파악해 보세요!

Come은 '다가오다', up은 '위로 올라오다', with는 '~을 가지고'라는 뜻을 지니고 있어요. 이 세 조합은 머릿속에서 생각이나 아이디어가 위로 떠올라 손에 잡히는 듯한 이미지를 떠오르게 합니다. 따라서 come up with는 '생각해 내다', '아이디어를 내다'라는 의미로 활용할 수 있어요.

🎙️ Let's Speak! 주어진 표현을 반복해서 말해 보세요!

come up with
생각해 내다, 아이디어를 내다

We can't come up with any good ideas.
좋은 아이디어가 생각나지 않아.

✏️ Let's Write! 다음 우리말을 보고 작문해 보세요!

좋은 아이디어가 생각나지 않아.

❶

❷

❸

079 일하고 공부하기

zone out
멍때리다, 정신이 나가 있다

He often zones out during class.

그는 수업 중에 종종 멍때려요.

📖 Let's Read! 구동사의 원리를 파악해 보세요!

Zone은 '구역', out은 '바깥으로 나가다'라는 의미예요. Zone out은 정신이 집중 상태에서 이탈해 다른 데로 빠져나간 상태를 묘사하는데, 다시 말해 '멍때리다', '정신이 나가 있다'라는 뜻이 됩니다. 피곤하거나 생각이 많아 한 곳을 멍하니 바라보는 모습을 표현할 때 적합해요.

🎙️ Let's Speak! 주어진 표현을 반복해서 말해 보세요!

zone out
멍때리다, 정신이 나가 있다

He often zones out during class.
그는 수업 중에 종종 멍때려요.

✏️ Let's Write! 다음 우리말을 보고 작문해 보세요!

그는 수업 중에 종종 멍때려요.

❶

❷

❸

080 일하고 공부하기

fill out
(양식을) 작성하다

Please fill out this form and sign at the bottom.

이 양식을 작성하고 하단에 서명하세요.

📖 Let's Read! 구동사의 원리를 파악해 보세요!

Fill은 '채우다', out은 '완전히', '밖으로 드러날 정도로'와 같은 뉘앙스를 담고 있어요. 그래서 fill out은 빈칸을 빠짐없이 전부 채워 넣는 동작을 나타내며, '(양식을) 작성하다'라는 뜻으로 사용돼요. 주로 신청서, 설문지, 계약서 등 공란이 있는 공식 문서를 꼼꼼히 작성할 때 활용할 수 있는 표현이랍니다.

🎤 Let's Speak! 주어진 표현을 반복해서 말해 보세요!

fill out
(양식을) 작성하다

Please fill out this form and sign at the bottom.
이 양식을 작성하고 하단에 서명하세요.

✏️ Let's Write! 다음 우리말을 보고 작문해 보세요!

이 양식을 작성하고 하단에 서명하세요.

① _____

② _____

③ _____

081 일하고 공부하기

drop out
중퇴하다, 탈퇴하다

Jamie dropped out of college to start his own business.

제이미는 자기 사업을 하려고 대학을 중퇴했어요.

📖 Let's Read! 구동사의 원리를 파악해 보세요!

Drop은 '떨어지다', out은 '밖으로'예요. 어떤 조직이나 프로그램, 학교 같은 체계에서 떨어져 밖으로 나가는 이미지를 연상해 보면, drop out의 '중퇴하다', '탈퇴하다'라는 의미를 유추해 볼 수 있을 거예요. 이 표현은 주로 학교나 훈련 과정, 경기 등에서 중도에 그만두는 상황에서 자주 쓰여요.

🎤 Let's Speak! 주어진 표현을 반복해서 말해 보세요!

✓ Check repeat!
☐☐☐☐☐
drop out
중퇴하다, 탈퇴하다

✓ Check repeat!
☐☐☐☐☐
Jamie dropped out of college to start his own business.
제이미는 자기 사업을 하려고 대학을 중퇴했어요.

✏️ Let's Write! 다음 우리말을 보고 작문해 보세요!

제이미는 자기 사업을 하려고 대학을 중퇴했어요.

❶

❷

❸

CHAPTER 11 일하고 공부하기

 만화로 배우는 영어 구동사

CHAPTER 12

시작과 종료
표현하기

'kick', 'set', 'tear'과 같은 동사들이
왜 '시작'이나 '종료'를 뜻하는 표현으로 쓰일까요?

이 동사들은 원래의 물리적인 움직임에서 출발해
어떤 흐름의 출발점이나 마무리를 상징적으로 나타내는
구동사로 확장되어 왔습니다.

무언가를 시작하거나 끝맺을 때,
혹은 예상치 못한 결과로 전개될 때,
이러한 구동사들을 활용하면
표현에 깊이와 생동감을 더할 수 있어요.

시작과 종료의 흐름을 분명하고 효과적으로 전달하고 싶다면,
이번 챕터에서 소개할 구동사들이 큰 도움이 될 거예요.

 Can Do!
일이 시작되거나 종료될 때, 혹은 어떤 결과에
대해 구동사로 설명할 수 있어요.

Learning English Phrasal Verbs Through Comics - Level Up Edition

 CHAPTER 12
전체 듣기

082 시작과 종료 표현하기

kick off
(행사, 활동 등을) 시작하다, 개시하다

The soccer match will kick off at 3 PM.
축구 경기는 오후 3시에 시작돼요.

📖 Let's Read! 구동사의 원리를 파악해 보세요!

Kick은 '차다', off는 '떨어져 나가다'라는 뜻이에요. Kick off는 축구에서 경기를 시작하며 공을 차는 동작에서 유래하여, 어떤 활동이나 행사를 '시작하다', '개시하다'라는 의미로 사용돼. 특별히 행사의 시작을 힘차고 활기차게 표현해야 하는 상황과 잘 어울리는 표현이랍니다.

🔊 Let's Speak! 주어진 표현을 반복해서 말해 보세요!

Check repeat!

kick off
(행사, 활동 등을) 시작하다, 개시하다

Check repeat!

The soccer match will kick off at 3 PM.
축구 경기는 오후 3시에 시작돼요.

✏️ Let's Write! 다음 우리말을 보고 작문해 보세요!

축구 경기는 오후 3시에 시작돼요.

① _____

② _____

③ _____

083 시작과 종료 표현하기

go ahead
먼저 하다, 진행하다

You go ahead, I will catch up later.

너 먼저 가, 나중에 따라갈게.

📖 Let's Read! 구동사의 원리를 파악해 보세요!

Go는 '가다', ahead는 '앞으로'예요. Go ahead는 어떤 행동이나 계획을 앞서서 진행하도록 허락하거나 독려하는 상황에서 쓰이며, '먼저 하다', '진행하다', '계속해도 좋다'라는 의미를 가집니다. 특히 어떤 행동을 허락할 때, "그래, 해도 돼"라는 자연스러운 동의나 격려의 뉘앙스로 활용해 보세요.

🔊 Let's Speak! 주어진 표현을 반복해서 말해 보세요!

Check repeat! ☐☐☐☐☐
go ahead
먼저 하다, 진행하다

Check repeat! ☐☐☐☐☐
You go ahead, I will catch up later.
너 먼저 가, 나중에 따라갈게.

✏️ Let's Write! 다음 우리말을 보고 작문해 보세요!

너 먼저 가, 나중에 따라갈게.

❶ _____

❷ _____

❸ _____

CHAPTER 12 시작과 종료 표현하기

CHAPTER 12　만화로 배우는 영어 구동사 Level Up!

084　시작과 종료 표현하기

end up
결국 ~하게 되다, ~으로 끝나다

I got lost and ended up walking for two hours.

길을 잃어서 결국 2시간을 걷게 됐어.

📖 Let's Read! 구동사의 원리를 파악해 보세요!

End는 '끝나다', up은 '도달한 결과 상태'를 나타내요. 여러 과정을 거쳐 결국 예상치 못한 상태에 도달하게 되는 느낌으로, end up은 '결국 ~하게 되다', '~으로 끝나다'라는 뜻이 됩니다. 계획이나 의도와는 다른 결과가 나타났다는 뉘앙스가 강해요.

🎤 Let's Speak! 주어진 표현을 반복해서 말해 보세요!

✓ Check repeat!
☐☐☐☐☐
end up
결국 ~하게 되다, ~으로 끝나다

✓ Check repeat!
☐☐☐☐☐
I got lost and ended up walking for two hours.
길을 잃어서 결국 2시간을 걷게 됐어.

✏️ Let's Write! 다음 우리말을 보고 작문해 보세요!

길을 잃어서 결국 2시간을 걷게 됐어.

❶ _____

❷ _____

❸ _____

085 시작과 종료 표현하기

set up
설치하다, 준비하다

It took us hours to set up the tent.

텐트를 설치하는 데 몇 시간이나 걸렸어요.

📖 Let's Read! 구동사의 원리를 파악해 보세요!

Set은 '놓다, 설치하다', up은 '완전히 세우다'라는 뉘앙스예요. Set up은 어떤 구조나 계획을 준비하고 정비하는 이미지를 떠오르게 하며, '설정하다', '설치하다', '준비하다'라는 의미를 가져요. 미팅, 행사, 시스템 등을 사전에 준비하거나 설치하는 과정에서 매우 유용하게 쓸 수 있는 표현이에요.

🎙️ Let's Speak! 주어진 표현을 반복해서 말해 보세요!

✓ Check repeat!

set up
설치하다, 준비하다

✓ Check repeat!

It took us hours to set up the tent.
텐트를 설치하는 데 몇 시간이나 걸렸어요.

✏️ Let's Write! 다음 우리말을 보고 작문해 보세요!

텐트를 설치하는 데 몇 시간이나 걸렸어요.

❶ _____

❷ _____

❸ _____

CHAPTER 12 시작과 종료 표현하기

086 시작과 종료 표현하기

shut down
닫다, 종료하다, 폐쇄하다

My favorite cafe shut down last week.
제가 좋아하는 카페가 지난주에 문을 닫았어요.

📖 Let's Read! 구동사의 원리를 파악해 보세요!

Shut은 '닫다', down은 '완전히 아래로 내리다'라는 의미를 담고 있어요. 기계, 사업, 가게 등 모든 기능이나 활동을 멈추고 닫는 느낌으로, shut down은 '멈추다', '폐쇄하다', '종료하다'라는 뜻을 갖습니다. 주로 영업 종료나 컴퓨터 전원을 끌 때 등장하는 표현이랍니다.

🎙️ Let's Speak! 주어진 표현을 반복해서 말해 보세요!

shut down
닫다, 종료하다, 폐쇄하다

My favorite cafe shut down last week.
제가 좋아하는 카페가 지난주에 문을 닫았어요.

✏️ Let's Write! 다음 우리말을 보고 작문해 보세요!

제가 좋아하는 카페가 지난주에 문을 닫았어요.

①

②

③

087 시작과 종료 표현하기

tear down
철거하다, 파괴하다, 허물다

The old building is getting torn down.
오래된 건물이 철거되고 있어요.

📖 Let's Read! 구동사의 원리를 파악해 보세요!

Tear는 '찢다', down은 '완전히 무너뜨리다'라는 의미예요. Tear down은 건물이나 제도를 해체하고 철거하는 뉘앙스를 나타내는데, 즉 '철거하다', '허물다'라는 뜻으로 활용할 수 있어요. 오래된 건물을 철거하거나 기존의 체계를 무너뜨린다는 의미를 내포하고 있답니다.

🎙️ Let's Speak! 주어진 표현을 반복해서 말해 보세요!

tear down
철거하다, 파괴하다, 허물다

The old building is getting torn down.
오래된 건물이 철거되고 있어요.

✏️ Let's Write! 다음 우리말을 보고 작문해 보세요!

오래된 건물이 철거되고 있어요.

1.
2.
3.

만화로 배우는 영어 구동사

CHAPTER 13

강조와 특별한 행동 표현하기

무언가를 강조하거나 눈에 띄게 표현하고 싶을 때
유용한 구동사들을 정리했습니다.
행동이나 감정, 사건의 흐름을 더 생생하게 전달해 보세요.

특히 'stand', 'light', 'blow'와 같은 단어들이
강조, 변화, 감정 표현에 어떤 방식으로
활용되는지 눈여겨보세요.

단어 하나로 분위기를 전환할 수 있는 구동사들을
직접 만나 보시기 바랍니다.

Can Do!
어떤 것을 강조할 때, 그밖에 일생생활 속
특별한 행동을 구동사로 표현할 수 있어요.

Learning English Phrasal Verbs Through Comics - Level Up Edition

CHAPTER 13
전체 듣기

088 강조와 특별한 행동 표현하기

stand out
돋보이다, 눈에 띄다

Her singing talent made her stand out.
그녀의 노래 실력이 그녀를 돋보이게 했어요.

📖 Let's Read! 구동사의 원리를 파악해 보세요!

Stand은 '서다', out은 '밖으로'를 의미해요. 많은 것들 중에 유난히 눈에 띄게 튀어나온 듯한 느낌으로, stand out은 '돋보이다', '눈에 띄다'라는 의미로 사용됩니다. 남들과 다른 특별한 매력이나 특징이 있을 때 주목받는 모습을 자연스럽게 나타낼 수 있는 표현이에요.

🎤 Let's Speak! 주어진 표현을 반복해서 말해 보세요!

Check repeat!

stand out
돋보이다, 눈에 띄다

Check repeat!

Her singing talent made her stand out.
그녀의 노래 실력이 그녀를 돋보이게 했어요.

✏️ Let's Write! 다음 우리말을 보고 작문해 보세요!

그녀의 노래 실력이 그녀를 돋보이게 했어요.

① _____

② _____

③ _____

CHAPTER 13 　만화로 배우는 영어 구동사 Level Up!

089 강조와 특별한 행동 표현하기

speed up
속도를 내다, 서두르다

We should speed up if we want to arrive on time.

제시간에 도착하려면 속도를 내야 해.

📖 Let's Read! 구동사의 원리를 파악해 보세요!

Speed는 '속도', up은 '위쪽으로' 혹은 '증가'의 뉘앙스를 가져요. Speed up은 어떤 일의 진행을 빠르게 앞당기는 듯한 이미지인데, 다시 말해 '속도를 높이다', '서두르다'라는 뜻이랍니다. 원어민들은 물리적인 속도 증가뿐만 아니라 일처리나 업무 속도를 높여 효율성을 강조할 때도 사용해요.

🎙️ Let's Speak! 주어진 표현을 반복해서 말해 보세요!

✓ Check repeat!
☐☐☐☐☐

speed up
속도를 내다, 서두르다

✓ Check repeat!
☐☐☐☐☐

We should speed up if we want to arrive on time.
제시간에 도착하려면 속도를 내야 해.

✏️ Let's Write! 다음 우리말을 보고 작문해 보세요!

제시간에 도착하려면 속도를 내야 해.

❶ _____

❷ _____

❸ _____

CHAPTER 13 강조와 특별한 행동 표현하기 **215**

CHAPTER 13 · 만화로 배우는 영어 구동사 Level Up!

090 강조와 특별한 행동 표현하기

slow down
속도를 줄이다, 천천히 하다

You have to slow down in school zones.

스쿨존에서는 속도를 줄여야 해요.

📖 Let's Read! 구동사의 원리를 파악해 보세요!

Slow는 '느리게 하다', down은 '아래로'예요. 속도를 줄이거나 긴장을 완화하는 뉘앙스가 더해지면서 '속도를 줄이다', '천천히 하다'라는 의미가 되었어요. 서두르지 말고 조금 여유를 가지라고 조언할 때 활용해 보세요.

🎤 Let's Speak! 주어진 표현을 반복해서 말해 보세요!

Check repeat!

slow down
속도를 줄이다, 천천히 하다

Check repeat!

You have to slow down in school zones.
스쿨존에서는 속도를 줄여야 해요.

✏️ Let's Write! 다음 우리말을 보고 작문해 보세요!

스쿨존에서는 속도를 줄여야 해요.

❶ _____

❷ _____

❸ _____

CHAPTER 13 만화로 배우는 영어 구동사 Level Up!

091 강조와 특별한 행동 표현하기

warm up
데우다, 준비운동하다

Let's warm up the leftovers for lunch.
점심은 남은 음식 데워 먹자.

📖 Let's Read! 구동사의 원리를 파악해 보세요!

Warm은 '따뜻하게 하다', up은 '점점 증가하다'라는 뉘앙스예요. 두 단어가 만나면서 음식이나 몸 상태를 서서히 따뜻하게 만드는 의미로 확장되었는데, 즉 '데우다', '준비운동하다'라는 뜻으로 사용할 수 있어요. 운동 전이나 음식 섭취 전 준비 과정을 나타내기 좋습니다.

🎤 Let's Speak! 주어진 표현을 반복해서 말해 보세요!

✓ Check repeat! ☐☐☐☐☐

warm up
데우다, 준비운동하다

✓ Check repeat! ☐☐☐☐☐

Let's warm up the leftovers for lunch.
점심은 남은 음식 데워 먹자.

✏️ Let's Write! 다음 우리말을 보고 작문해 보세요!

점심은 남은 음식 데워 먹자.

❶ _____

❷ _____

❸ _____

CHAPTER 13 　만화로 배우는 영어 구동사 Level Up!

092 강조와 특별한 행동 표현하기

watch out
조심하다

Watch out for cars when you cross the street.

길을 건널 때는 자동차를 조심해요.

📖 Let's Read!   구동사의 원리를 파악해 보세요!

Watch는 '주의 깊게 보다', out은 '바깥 방향'을 뜻해요. 바깥에서 다가오는 위험에 대비하라는 경고의 뉘앙스로, watch out은 '조심해!', '주의해!'라는 의미로 자주 쓰입니다. 급박하거나 위험한 상황에서 상대방에게 즉각적인 주의를 주고 싶을 때 활용할 수 있어요.

🎙️ Let's Speak!   주어진 표현을 반복해서 말해 보세요!

Check repeat! ☐☐☐☐☐
watch out
조심하다

Check repeat! ☐☐☐☐☐
Watch out for cars when you cross the street.
길을 건널 때는 자동차를 조심해요.

✏️ Let's Write!   다음 우리말을 보고 작문해 보세요!

길을 건널 때는 자동차를 조심해요.

❶ _____

❷ _____

❸ _____

093 강조와 특별한 행동 표현하기

lock up
가두다, 감금하다

He will be locked up for 5 years for his crime.

그는 범죄로 5년 동안 수감될 거예요.

📖 Let's Read!   구동사의 원리를 파악해 보세요!

Lock은 '잠그다', up은 '완전히, 전부'의 뜻을 가지고 있죠. Lock up은 단순히 문을 잠그는 것뿐 아니라 사람을 자유롭지 않게 제한된 공간에 가두는 뉘앙스로, 정리하자면 '문을 잠그다', '가두다', '수감하다'라는 뜻으로 사용해요. 보안이나 안전을 철저히 지키는 상황과 어울리는 표현입니다.

🎙️ Let's Speak!   주어진 표현을 반복해서 말해 보세요!

✓ Check repeat!
☐☐☐☐☐

lock up
가두다, 감금하다

✓ Check repeat!
☐☐☐☐☐

He will be locked up for 5 years for his crime.
그는 범죄로 5년 동안 수감될 거예요.

✏️ Let's Write!   다음 우리말을 보고 작문해 보세요!

그는 범죄로 5년 동안 수감될 거예요.

❶ _____

❷ _____

❸ _____

094 강조와 특별한 행동 표현하기

try on
(옷 등을) 입어 보다, 착용해 보다

Can I try this on?
이거 입어 봐도 돼요?

📖 Let's Read! 구동사의 원리를 파악해 보세요!

Try는 '시험 삼아 해 보다', on은 '몸 위에 얹는'과 같은 느낌이에요. 그래서 try on은 옷이나 액세서리를 착용해 보는 상황에서 사용되며, '입어 보다', '착용해 보다'라는 의미로 쓰여요. 가게에서 옷을 사기 전에 사이즈나 스타일을 확인하려고 입어 보는 뉘앙스를 담고 있답니다.

🎤 Let's Speak! 주어진 표현을 반복해서 말해 보세요!

Check repeat!

try on
(옷 등을) 입어 보다, 착용해 보다

Check repeat!

Can I try this on?
이거 입어 봐도 돼요?

✏️ Let's Write! 다음 우리말을 보고 작문해 보세요!

이거 입어 봐도 돼요?

①

②

③

095 강조와 특별한 행동 표현하기

light up
(표정, 분위기 등이) 환해지다, (불이) 켜지다

She lights up whenever she sees him.

그녀는 그를 볼 때마다 얼굴이 환해져요.

Let's Read! 구동사의 원리를 파악해 보세요!

Light는 '빛나다', up은 '위쪽으로 퍼지는'과 같은 느낌이에요. 그래서 light up은 표정이나 분위기가 갑자기 밝아지는 모습을 나타내며, '밝아지다', '환해지다' 또는 '불이 켜지다'라는 의미로 사용해요. 특히 사람이 기뻐서 표정이 환하게 밝아질 때 주로 등장하는 표현이랍니다.

Let's Speak! 주어진 표현을 반복해서 말해 보세요!

light up
(표정, 분위기 등이) 환해지다, (불이) 켜지다

She lights up whenever she sees him.
그녀는 그를 볼 때마다 얼굴이 환해져요.

Let's Write! 다음 우리말을 보고 작문해 보세요!

그녀는 그를 볼 때마다 얼굴이 환해져요.

① _____

② _____

③ _____

096 강조와 특별한 행동 표현하기

sleep on
~을 곰곰이 생각하다, 하룻밤 고민하다

Sleep on it and let me know later.
곰곰이 생각해 보고 나중에 알려 줘요.

📖 Let's Read! 구동사의 원리를 파악해 보세요!

Sleep은 '자다', on은 '~에 대해 계속 머물다'라는 뜻이에요. 결정을 바로 내리지 말고 하루 더 생각해 보며 자는 동안 마음을 정리하는 뉘앙스로, '~을 곰곰히 생각하다', '하룻밤 고민하다'라는 뜻이 됩니다. 중요한 결정을 내리기 전에 여유를 갖고 신중히 생각하라는 조언이나 제안으로 자주 쓰여요.

🎙️ Let's Speak! 주어진 표현을 반복해서 말해 보세요!

Check repeat!

sleep on
~을 곰곰이 생각하다, 하룻밤 고민하다

Check repeat!

Sleep on it and let me know later.
곰곰이 생각해 보고 나중에 알려 줘요.

✏️ Let's Write! 다음 우리말을 보고 작문해 보세요!

곰곰이 생각해 보고 나중에 알려 줘요.

1.

2.

3.

CHAPTER 13 만화로 배우는 영어 구동사 Level Up!

097 강조와 특별한 행동 표현하기

think over
숙고하다, 신중히 생각하다

Think it over before you decide.
결정하기 전에 신중히 생각해 봐.

📖 Let's Read! 구동사의 원리를 파악해 보세요!

Think는 '생각하다', over는 '전반에 걸쳐 깊이'라는 의미를 담고 있어요. 그래서 think over는 어떤 문제나 선택지를 머릿속으로 충분히 되새기는 듯한 뉘앙스인데, 원어민들은 주로 '숙고하다', '신중히 생각하다'라는 뜻으로 사용해요. 신중히 결정해야 하는 상황을 마주했을 때 꼭 활용해 보세요.

🎙 Let's Speak! 주어진 표현을 반복해서 말해 보세요!

think over
숙고하다, 신중히 생각하다

Think it over before you decide.
결정하기 전에 신중히 생각해 봐.

✏️ Let's Write! 다음 우리말을 보고 작문해 보세요!

결정하기 전에 신중히 생각해 봐.

❶

❷

❸

098 강조와 특별한 행동 표현하기

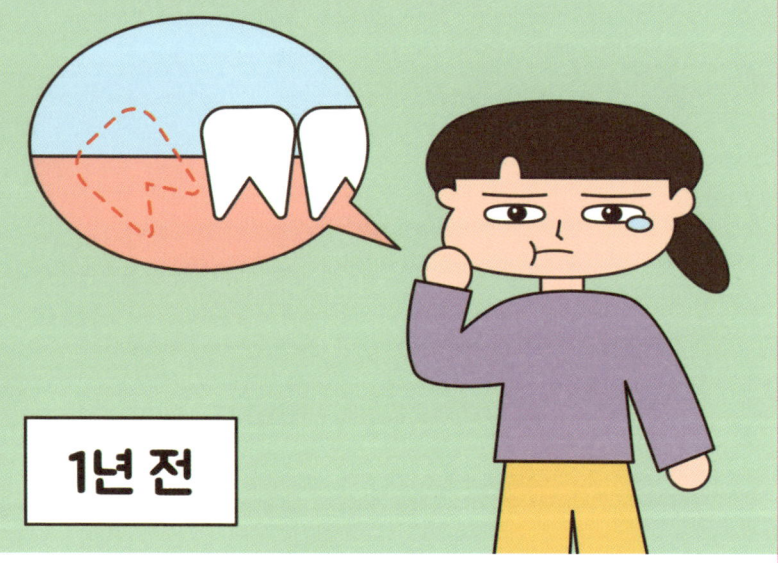

pull out
뽑다, 제거하다, 철수하다

I got my wisdom teeth pulled out last year.

나 작년에 사랑니 뽑았어.

📖 Let's Read! 구동사의 원리를 파악해 보세요!

Pull은 '당기다', out은 '밖으로'라는 뜻이 있어요. 그래서 pull out은 안에 있던 것을 잡아당겨 빼내거나 철수하는 이미지를 가지며, '꺼내다', '철수하다', '빠지다'라는 뜻으로 쓰여요. 참고로 계획이나 합의 등에서 손을 떼거나 물리적으로 빠지는 상황을 표현할 때도 활용할 수 있어요.

🎤 Let's Speak! 주어진 표현을 반복해서 말해 보세요!

pull out
뽑다, 제거하다, 철수하다

I got my wisdom teeth pulled out last year.
나 작년에 사랑니 뽑았어.

✏️ Let's Write! 다음 우리말을 보고 작문해 보세요!

나 작년에 사랑니 뽑았어.

❶ _____

❷ _____

❸ _____

099 강조와 특별한 행동 표현하기

blow up
불어넣다, (감정 등이) 폭발하다

He blew up balloons for the surprise party.

그는 깜짝 파티를 위해 풍선을 불었어요.

📖 Let's Read! 구동사의 원리를 파악해 보세요!

Blow는 '불다', up은 '위로 확 퍼지다'와 같은 감각을 뜻해요. 이 조합은 뭔가가 갑자기 부풀거나 터지는 모습을 떠올리게 해요. 그래서 풍선을 불거나 폭탄이 터질 때는 물론, 감정이 폭발하는 상황에서도 '폭발하다'라는 의미로 쓰인답니다.

🎙️ Let's Speak! 주어진 표현을 반복해서 말해 보세요!

✓ Check repeat!

blow up
불어넣다, (감정 등이) 폭발하다

✓ Check repeat!

He blew up balloons for the surprise party.
그는 깜짝 파티를 위해 풍선을 불었어요.

✏️ Let's Write! 다음 우리말을 보고 작문해 보세요!

그는 깜짝 파티를 위해 풍선을 불었어요.

❶ _____

❷ _____

❸ _____

CHAPTER 13

100 강조와 특별한 행동 표현하기

line up
정렬하다, 줄을 세우다, (일정 등을) 준비하다

You can line up here to buy tickets.
여기에서 줄 서서 티켓을 구매할 수 있어요.

📖 Let's Read! 구동사의 원리를 파악해 보세요!

Line은 '줄', up은 '정렬된 상태'를 나타내죠. 사람들이 순서를 지켜 일렬로 서 있는 이미지를 떠올려 보면, '줄을 서다', '정렬하다'라는 의미를 금방 떠올릴 수 있을 거예요. 많은 사람이 질서 있게 줄을 서는 상황과 어울리는 표현이랍니다. 더 나아가 계획이나 일정 등을 준비한다는 의미도 갖고 있어요.

🎙️ Let's Speak! 주어진 표현을 반복해서 말해 보세요!

Check repeat!

line up
정렬하다, 줄을 세우다, (일정 등을) 준비하다

Check repeat!

You can line up here to buy tickets.
여기에서 줄 서서 티켓을 구매할 수 있어요.

✏️ Let's Write! 다음 우리말을 보고 작문해 보세요!

여기에서 줄 서서 티켓을 구매할 수 있어요.

1. _____
2. _____
3. _____

만화로 배우는 영어 구동사 Level Up!

SPECIAL

만화로 배우는 영어 구동사 Level Up! 총정리

지금까지 학습한 영어 구동사 100개를 모두 모아 놓았습니다. 다시 한번 살펴보면서 기억나는 것은 박스(□)에 체크 표시를 하고, 기억나지 않는 것들은 다시 해당 페이지로 가서 복습해 보세요.

☐	Sleep in	늦잠 자다, 늦게까지 자다	p. 014
☐	Wrap up	끝내다, 마무리 짓다	p. 016
☐	Lie down	눕다, 휴식을 취하다	p. 018
☐	Pass out	기절하다, 곯아떨어지다, 졸도하다	p. 020
☐	Agree with	~에 동의하다	p. 024
☐	Bring up	언급하다, 말을 꺼내다	p. 026
☐	Ask around	주변에 물어보다	p. 028
☐	Laugh at	비웃다, 조롱하다	p. 030
☐	Crack up	빵 터지다, 크게 웃다	p. 032
☐	Open up	마음을 터놓고 말하다	p. 034
☐	Cut in	끼어들다, 새치기하다	p. 036
☐	Hear about	~에 관해서 소식을 듣다	p. 038
☐	Settle in	적응하다, 자리를 잡다	p. 040
☐	Object to	~에 반대하다	p. 042
☐	Chill out	긴장을 풀다, 편히 쉬다	p. 046
☐	Cool down	식히다, 진정하다	p. 048
☐	Freak out	기겁하다, 깜짝 놀라다, 패닉에 빠지다	p. 050

☐ Lighten up	분위기를 밝게 하다, 기분을 풀다	p. 052
☐ Piss off	화나게 하다	p. 054
☐ Obsessed with	~에 집착하다, 꽂히다	p. 056
☐ Be fed up with	지긋지긋하다, 질리다	p. 058
☐ Come down with	병에 걸리다	p. 062
☐ Throw up	토하다	p. 064
☐ Swell up	붓다, 부풀어 오르다	p. 066
☐ Knock out	기절시키다, 곯아떨어지게 하다	p. 068
☐ Wear out	닳게 하다, 지치게 하다	p. 070
☐ Pass away	세상을 떠나다, 돌아가시다	p. 072
☐ Eat out	외식하다, 집 밖에서 식사하다	p. 076
☐ Order in	음식을 시켜 먹다, 배달시키다	p. 078
☐ Dig in	식사를 시작하다, 마음껏 먹다	p. 080
☐ Pig out	과식하다, 폭식하다	p. 082
☐ Die for	~을 너무 사랑하다, 완전 최고다	p. 084
☐ Slack off	농땡이를 부리다, 게으름을 피우다	p. 088
☐ Lie around	빈둥거리며 쉬다	p. 090
☐ Stay in	집에 있다	p. 092
☐ Stay out	외박하다	p. 094
☐ Get into	~에 빠지다/흥미를 갖게 되다, 입문하다	p. 096
☐ Find out	새롭게 알게 되다, 밝혀내다	p. 100

☐	Figure out	해결하다, 알아내다, 풀어내다	p. 102
☐	Clear up	(오해, 문제 등을) 말끔히 해결하다, 맑아지다	p. 104
☐	Deal with	~을 다루다, 대처하다, 처리하다	p. 106
☐	Cut off	끊다, 차단하다	p. 108
☐	Fall apart	(물건, 구조물, 감정 등이) 무너지다	p. 110
☐	Mess up	망치다, 엉망으로 만들다, 실수하다	p. 112
☐	Give up	포기하다	p. 114
☐	Move on	극복하고 나아가다	p. 116
☐	Get through	어려움을 극복하다, (법안 등이) 통과되다	p. 118
☐	Drop by	잠깐 들르다, 지나가다	p. 122
☐	Drop off	(사람, 물건 등을) 내려주다, 맡기다	p. 124
☐	Move in	이사 들어가다, 입주하다	p. 126
☐	Move to	이사하다, 이동하다	p. 128
☐	Pull over	차를 잠깐 세우다, 갓길에 정차하다	p. 130
☐	Run over	차로 치다, 깔고 지나가다	p. 132
☐	Pack up	짐을 싸다	p. 134
☐	Go out	사귀다, 외출하다	p. 138
☐	Set up with	소개팅시켜 주다	p. 140
☐	Keep in touch	연락을 유지하다	p. 142
☐	Count on	~을 믿다, 의지하다	p. 144
☐	Let down	실망시키다, 기대를 저버리다	p. 146

☐	Fit in	딱 맞다, 적응하다	p. 148
☐	Hang up	전화를 끊다	p. 150
☐	Relate to	공감하다, 이해하다	p. 152
☐	Save up	(목적을 위해) 저축하다, 모으다	p. 156
☐	Pay back	돈을 갚다, 은혜에 보답하다	p. 158
☐	Cut back	(지출, 활동 등을) 축소하다, 삭감하다	p. 160
☐	Cut down on	~을 줄이다	p. 162
☐	Cut out	손절하다, 제거하다	p. 164
☐	Throw away	버리다, 처분하다	p. 166
☐	Do without	~없이 지내다, 참고 버티다	p. 168
☐	Jot down	빨리 적다, 간단히 메모하다	p. 172
☐	Hand in	(과제, 서류 등을) 제출하다	p. 174
☐	Hand out	나눠주다, 배포하다	p. 176
☐	Major in	~을 전공하다	p. 178
☐	Keep up	(행동을) 유지하다, 따라가다	p. 180
☐	Fall behind	뒤쳐지다, 밀리다	p. 182
☐	Cross out	지우다, 삭제하다	p. 184
☐	Sum up	(정보, 의견 등을) 요약하다	p. 186
☐	Come up with	생각해 내다, 아이디어를 내다	p. 188
☐	Zone out	멍때리다, 정신이 나가 있다	p. 190
☐	Fill out	(양식을) 작성하다	p. 192

☐	Drop out	중퇴하다, 탈퇴하다	p. 194
☐	Kick off	(행사, 활동 등을) 시작하다, 개시하다	p. 198
☐	Go ahead	먼저 하다, 진행하다	p. 200
☐	End up	결국 ~하게 되다, ~으로 끝나다	p. 202
☐	Set up	설치하다, 준비하다	p. 204
☐	Shut down	닫다, 종료하다, 폐쇄하다	p. 206
☐	Tear down	철거하다, 파괴하다, 허물다	p. 208
☐	Stand out	돋보이다, 눈에 띄다	p. 212
☐	Speed up	속도를 내다, 서두르다	p. 214
☐	Slow down	속도를 줄이다, 천천히 하다	p. 216
☐	Warm up	데우다, 준비운동하다	p. 218
☐	Watch out	조심하다	p. 220
☐	Lock up	가두다, 감금하다	p. 222
☐	Try on	(옷 등을) 입어보다, 착용해 보다	p. 224
☐	Light up	(표정, 분위기 등이) 환해지다, (불이) 켜지다	p. 226
☐	Sleep on	~을 곰곰이 생각하다, 하룻밤 고민하다	p. 228
☐	Think over	숙고하다, 신중히 생각하다	p. 230
☐	Pull out	뽑다, 제거하다, 철수하다	p. 232
☐	Blow up	불어넣다, (감정 등이) 폭발하다	p. 234
☐	Line up	정렬하다, 줄을 세우다, (일정 등을) 준비하다	p. 236

MEMO

만화로 배우는 영어 구동사 레벨업

초판2쇄 발행	2026년 01월 05일 (인쇄 2025년 10월 27일)
초판1쇄 발행	2025년 07월 25일 (인쇄 2025년 05월 30일)
발 행 인	박영일
책 임 편 집	이해욱
저　　　자	잉툰TV 김도균
감　　　수	후루룩외국어연구소
기 획 편 집	이동준 · 신명숙
표 지 디 자 인	김지수
본 문 디 자 인	임아람 · 임창규
일 러 스 트	잉툰TV
발 행 처	시대에듀
공 급 처	(주)시대고시기획
출 판 등 록	제 10-1521호
주　　　소	서울시 마포구 큰우물로 75 [도화동 538 성지 B/D] 9F
전　　　화	1600-3600
팩　　　스	02-701-8823
홈 페 이 지	www.sdedu.co.kr

I S B N	979-11-383-9371-3 (13740)
정　　　가	17,000원

※ 이 책은 저작권법에 의해 보호를 받는 저작물이므로, 동영상 제작 및 무단전재와 복제, 상업적 이용을 금합니다.
※ 이 책의 전부 또는 일부 내용을 이용하려면 반드시 저작권자와 (주)시대고시기획 · 시대에듀의 동의를 받아야 합니다.
※ 잘못된 책은 구입하신 서점에서 바꾸어 드립니다.

'후루룩외국어'는 종합교육그룹 (주)시대고시기획 · 시대교육의 외국어 브랜드입니다.